MENTE PRÓSPERA

Ryuho Okawa

MENTE PRÓSPERA

DESENVOLVA UMA MENTALIDADE
PARA ATRAIR RIQUEZAS INFINITAS

2ª reimpressão

Ⓡ IRH Press do Brasil

Copyright © 2012 Ryuho Okawa
Edição original © 2012 publicada em japonês: *Han'ei Shikō*
Edição em inglês: *Prosperity Thinking – Developing the Mindset for Attracting Infinite Riches*
Tradução para o português © 2019 Happy Science

IRH Press do Brasil Editora Limitada
Rua Domingos de Morais, 1154, 1º andar, sala 101
Vila Mariana, São Paulo – SP – Brasil, CEP 04010-100

Todos os direitos reservados.
Nenhuma parte desta publicação poderá ser reproduzida, copiada, armazenada em sistema digital ou transferida por qualquer meio, eletrônico, mecânico, fotocópia, gravação ou quaisquer outros, sem que haja permissão por escrito emitida pela Happy Science.

1a edição (2019)
1ª reimpressão 2022
2ª reimpressão 2025

ISBN: 978-85-64658-44-8

Sumário

Prefácio 11

CAPÍTULO UM
Como alcançar o sucesso

1. **É bom enriquecer**

   Você se sente culpado pela riqueza? 15
   O erro das ideologias de esquerda que tratam
   os bem-sucedidos como vilões 17
   A filosofia do "dinheiro é tempo" mudou
   minha vida 19
   A Happy Science aceita a riqueza obtida por
   meio de um correto trabalho 21
   O dinheiro que proporciona felicidade
   às pessoas é um bem 23

2. **A maior autorrealização**

   Não basta apenas querer dinheiro, status
   e fama – é preciso merecer 26
   Pessoas felizes não passam muito tempo
   pensando em si mesmas 28
   A coragem de enfrentar o medo do desconhecido
   também é um talento do empreendedor 31

Almeje um grande sucesso sem impor limites
a si mesmo 33

3. **Como vencer em uma batalha individual que leva em conta todos os seus recursos**
Quem tem o poder de persuasão será
bem-sucedido em qualquer área 37
Esforce-se tendo como lema a sinceridade 38
Tenha grandes propósitos sem impor limites 39

CAPÍTULO DOIS

Como manter os espíritos da pobreza afastados

1. **Provoque o milagre da atração da riqueza**
A Happy Science é uma organização capaz
de provocar muitos tipos de milagres 43
Dominar as "regras para atrair a riqueza"
também é uma forma de iluminação 44

2. **O que fazer para não ser possuído por um espírito da pobreza**
Você está possuído por um espírito
da pobreza? 48
Os espíritos da pobreza podem possuir não só
um indivíduo, como também uma empresa
e até mesmo uma nação 49
Os espíritos da pobreza são, na verdade, o espírito
de empresários que cometeram suicídio 51

As pessoas se tornam semelhantes àqueles
   que respeitam..53
   Afirme que a criação da riqueza é algo bom
   e se dedique com afinco..56

3. **A essência da riqueza**
   É grande o número de pessoas beneficiadas
   por você e que lhe são gratas?................................59
   O exemplo de uma grande companhia aérea
   que deixava seus clientes indignados....................62
   Não rejeite a riqueza – use o dinheiro
   acumulado para o bem...65

4. **Tenha pensamentos alegres, positivos
   e voltados para o futuro**
   O espírito de Sontoku Ninomiya, que vinculou
   os estudos à capacidade de ganhar dinheiro......67
   As frases inspiradoras de Napoleon Hill............71

CAPÍTULO TRÊS

Mente próspera

1. **Use a mente próspera para se livrar
   dos espíritos da pobreza**
   Sua vida vai mudar quando você passar a
   perceber que seu "eu" espiritual constitui mais
   de 50% de você...77
   A evolução da Happy Science tem superado
   minhas expectativas...78

Os seres humanos possuem mais força do que
acreditam possuir 79
Assimile a "força da fé" em seu verdadeiro
sentido 82

2. **O mundo precisa dos ensinamentos
da Happy Science**
Muitos países não têm preconceito contra
a religião 85
Abandone a "mentalidade tacanha" e
expanda mais sua mente 88

3. **O Japão está prestes a se tornar a
"referência do mundo"**
A missão do Japão é propor um novo modelo ... 91
Na Happy Science é possível enxergar
o futuro 94
O despertar e a autoconsciência espiritual
é que estimulam a prosperidade no
mundo terreno 95

4. **Expanda um pouco mais seu modo
de pensar** 97

5. **Criar a sociedade do futuro superando
as crises**
O Japão precisa lançar a próxima forma de
pensar adequada à força da nação 100
Quando você pensa de forma criativa,
as ideias não param de surgir 103

Vamos deixar uma herança para o futuro por meio de grandes obras.................. 107
Enquanto a Happy Science existir, o Japão só irá prosperar.................. 109

CAPÍTULO QUATRO
Aproxime-se do Deus da Prosperidade

1. **O impacto que Hiroshima teve no Japão**
   Minha viagem missionária aos nossos templos teve início em Hiroshima.................. 113
   Os pecados originais que nasceram em Hiroshima: alergia à energia nuclear e o sistema de educação *yutori*.................. 114
   Ao contrário das grandes potências ocidentais, o Japão ajudou a desenvolver os países que dominou.................. 118

2. **Detenha as palavras e os pensamentos negativos**
   Pessoas que usam uma linguagem pessimista raramente alcançam o sucesso.................. 123
   Não se preocupe demais com os detalhes – garanta os pontos principais.................. 126

3. **Duas companhias aéreas, dois tipos de serviço**
   Será que você está realmente se colocando no lugar do cliente?.................. 129

O serviço impressionante da Singapore
Airlines 130
Viajar com uma grande companhia
aérea japonesa 131
Não caia na cilada da mentalidade do
egocentrismo corporativo ou centrada nos
casos do passado 134

4. **Em vez de sentir inveja, congratule os outros**
   A concorrência pode gerar desigualdades
   positivas 138
   Se não se aceitar a diferença entre os jogadores,
   não tem como um jogo de beisebol existir 140

5. **Ame o Deus da Prosperidade, em vez dos espíritos da pobreza**
   "Tempo é dinheiro", mas também é verdade
   que "dinheiro é tempo" 144
   Não se pode obter aquilo que se rejeita 146
   Crie riqueza, em vez de ficar disputando
   um pedaço da torta 149

Posfácio 151
Sobre o autor 152
Quem é El Cantare? 153
Sobre a Happy Science 155
O sutra da Happy Science 157
Contatos 159
Outros livros de Ryuho Okawa 162

Prefácio

Há uma tendência geral neste mundo de não ver com bons olhos qualquer pessoa que alcança o sucesso e constrói sua riqueza. Isso pode ser representado pela analogia dos caranguejos no fundo de um balde usando suas pinças para puxar para baixo os outros que estão tentando sair.

E o que aconteceria se o caranguejo que conseguisse sair do balde ensinasse aos demais a técnica do seu sucesso e criasse uma cultura de puxar para cima seus colegas? Certamente surgiriam muitos indivíduos bem-sucedidos, um sendo puxado pelo outro.

Sou a favor da *igualdade de oportunidades* porque ela permite a prosperidade, que se origina com a liberdade. No entanto, não concordo necessariamente com a *igualdade de resultados*, que é uma justificativa para a inveja. Se construirmos um mundo no qual aqueles que alcançam o sucesso graças ao seu suor e à sua sabedoria são amaldiçoados e os preguiçosos levam vantagem, isso com certeza irá derrubar a moral da sociedade.

Não utilize palavras como "diminuir as desigualdades" como desculpa para ressuscitar o fantasma de

Marx[1]. Uma *desigualdade saudável* encoraja as pessoas e proporciona à sociedade motivação e vivacidade. A prosperidade tem início quando se adota uma postura positiva em relação a ela.

Ryuho Okawa
Janeiro de 2012

---

1 Karl Marx (1818-1883) foi um filósofo, sociólogo, jornalista e revolucionário socialista. É considerado uma das figuras mais influentes da história da humanidade por suas teorias – conhecidas como marxismo – sobre a sociedade, a economia e a política. (N. do E.)

Capítulo Um

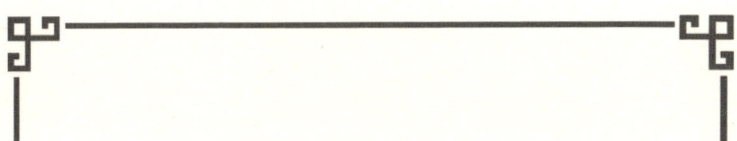

Como alcançar o sucesso

É bom enriquecer

Você se sente culpado pela riqueza?

O título deste capítulo é "Como alcançar o sucesso". Existem pessoas de diferentes perfis dentre os meus leitores, e o conceito de sucesso é algo extremamente amplo; eu poderia discorrer sobre esse assunto indefinidamente se fosse abordá-lo de uma forma abrangente. Por isso, talvez pareça um pouco incomum, mas eu gostaria de falar sobre o sucesso concentrando-me em dois aspectos: como ganhar dinheiro e o que fazer para enriquecer.

É claro, algumas pessoas não vão ficar ricas depois de terem lido este livro. Contudo, creio que na mesma proporção vão surgir abastados, assim como há certa porcentagem de indivíduos que se curam de doenças depois de ouvir minhas meus sermões.

Se restringirmos a definição da palavra *sucesso* ao ato de *enriquecer*, então, a postura mental mais importante a adotar é *não rejeitar a riqueza*. Em particular, a maioria das pessoas religiosas sente culpa pela riqueza.

Muitas religiões fundadas há mais de 2 mil anos, como o cristianismo, o budismo e outras, pregavam ensinamentos que desprezavam o dinheiro, e até mesmo o encaravam como sinônimo do demônio.

De fato, é inegável que com frequência a riqueza ou o dinheiro ludibriam as pessoas, levando-as para o caminho da degradação. Entretanto, é verdade também que existe um outro caminho aberto a todos: aquele que leva ao desenvolvimento e à prosperidade. Uma pessoa que alcança o sucesso pela fortuna escolhe esse caminho; se a pessoa irá pegar esse rumo ou não, vai depender de seu estilo de vida e de suas aspirações.

Portanto, se me perguntarem claramente: "Na era moderna, é correto o pensamento que rejeita riquezas como o dinheiro, como se vê nos ensinamentos do antigo budismo ou do antigo cristianismo?", serei obrigado a responder: "Não".

Na era moderna, diversas empresas são fundadas e se tornam grandes corporações, gerando dezenas ou centenas de milhares de empregos. Com o surgimento dessas grandes companhias, novas profissões são criadas e todos os que trabalham nesse negócio conseguem sustentar a família.

Há muitos empreendedores que, em sua própria geração, construíram empresas gigantes. Por exemplo, há bilionários como Bill Gates, dono da Microsoft. No Japão também existem muitos empresários que construíram grandes companhias. Se nós negarmos todo esse esforço e chamarmos de demônios do inferno todos os presidentes dessas grandes corporações, então os funcionários que vivem com o salário que recebem trabalhando para eles seriam "servos" desses demônios.

Mas essa é uma conclusão equivocada. Se você se torna próspero por ter vontade de enriquecer o mundo e fazer as pessoas felizes, e realiza um trabalho para concretizar esse desejo sem prejudicar a sociedade, não há nenhum mal nisso.

O erro das ideologias de esquerda que tratam os bem-sucedidos como vilões

Como vimos, a mentalidade religiosa do pecado original pode ser o motivo pelo qual se fala mal da riqueza. A filosofia esquerdista de Karl Marx trata todos os bem-sucedidos como vilões e alega que, por causa deles, a maioria do povo sofre na pobreza.

Recentemente, essa mentalidade tem ganhado força e a expressão "desigualdade social" vem sendo destacada com frequência. Mesmo os programas de tevê passaram a transmitir mais reportagens sobre os sem-teto, mas essas pessoas existiam desde antigamente. No entanto, na era moderna já não se pode mais aceitar a ideia de que os ricos são maus e os pobres são bons. Para ser bem-sucedido é necessário sabedoria e esforço à altura. Se negarmos essa sabedoria e esse esforço, o mundo ficará repleto de pessoas preguiçosas.

Uma sociedade na qual, por mais que se esforce, o indivíduo não consegue ser bem-sucedido, é problemática: ela não oferece oportunidades, muito menos oportunidades iguais.

Por isso, estou pregando que é preciso haver *igualdade de oportunidades*. Uma sociedade é de fato cruel quando não há chance para o indivíduo abrir um negócio ou ter uma carreira de sucesso, a não ser que tenha nascido como nobre, o que corresponderia aos senhores feudais dos tempos antigos.

Por outro lado, uma boa sociedade é aquela que oferece oportunidades iguais, possibilitando desbravar o caminho por meio do esforço, da dedicação e do talento de cada um. A desigualdade pode surgir como consequência, mas não é desejável um mundo no qual aqueles que obtiveram êxito desbravando o próprio caminho sejam tratados como vilões, só por causa da desigualdade. Pelo contrário, devemos aceitá-los e reconhecer seus méritos devidamente.

Contudo, é inevitável que uma parcela da população fracasse. Por isso, é preciso haver uma "rede de segurança" ou "medidas de resgate", isto é, condições mínimas de vida garantidas no nível da administração nacional ou da comunidade. Ao mesmo tempo, é importante que os bem-sucedidos tenham espírito nobre, como um cavaleiro, e façam contribuições sociais, e que as companhias de sucesso aumentem seu número de funcionários.

O desemprego deve ser combatido não apenas pelo governo. As empresas privadas também devem se esforçar para retribuir à sociedade, por exemplo, instalando novas unidades de seus negócios em regiões onde não há empregos disponíveis.

A filosofia do "dinheiro é tempo" mudou minha vida

Quando jovem, eu mesmo tive uma experiência que mudou minha maneira de pensar.

Até a adolescência, eu alimentava as mesmas crenças que citei anteriormente ensinadas pelas religiões primitivas como o budismo ou o cristianismo na época em que foram fundadas, ou seja, de que é impossível servir ao dinheiro e a Deus ao mesmo tempo. Esse pensamento baseia-se na filosofia de pobreza e honestidade. Eu achava que o correto era levar uma vida pobre, mas honesta.

No entanto, esse modo de pensar mudou quando compreendi o sentido da expressão "dinheiro é tempo", que é o inverso do ditado popular que diz que "tempo é dinheiro". Conheci essa frase aos 20 anos, e lembro que fui atingido por essa verdade, que me fez abrir um pouco os olhos.

"Dinheiro é tempo" (o tempo pode ser comprado com dinheiro) significa que quando se tem dinheiro, você consegue avançar mais no seu trabalho e que fica mais fácil expandir suas atividades.

Mesmo no meu ramo, há um limite para as tarefas que eu dou conta de realizar sozinho; mas, quando surgem outras pessoas para me auxiliar, o alcance do meu trabalho pode ser ampliado.

Tomemos o exemplo da leitura de livros. Para comprá-los, eu mesmo consigo me deslocar até uma grande livraria, o que pode ser divertido, mas essa tarefa ocupará metade do meu dia. Contudo, se eu tiver dinheiro para contratar uma secretária, posso pedir a ela para adquiri-los e com isso economizar metade do dia. Assim, sobra um tempo disponível para eu ler mais livros.

Essa mesma ideia se aplica a qualquer empreendimento. Quanto mais capital tiver, mais tarefas podem ser levadas adiante.

Com a Happy Science não é diferente. Se tivermos um acúmulo de reservas, teremos condições de construir muitas filiais, erguer templos *shōjas*[2] em di-

---
2 Estabelecimentos de treinamento espiritual.

versas regiões do país e, também, realizar o trabalho missionário no exterior. Basicamente, desse modo podemos encurtar o tempo requerido para fazer as coisas. Então, num certo sentido, é verdade dizer que podemos comprar tempo com dinheiro.

Portanto, se você possui objetivos ou motivações louváveis no trabalho que está tentando realizar e se esforça para dar uma contribuição positiva à sociedade, você poderá aplicar ambos os conceitos, "tempo é dinheiro" e "dinheiro é tempo", sem peso na consciência.

Desse modo, quando eu era jovem minha vida se transformou drasticamente depois que mudei meu modo de pensar com essas filosofias.

A Happy Science aceita a riqueza obtida por meio de um correto trabalho

Se, no início, uma pessoa plantou dentro de si uma semente de "sentimento de culpa" em relação à riqueza, ela nunca será rica, pois talvez acredite que ao enriquecer irá para o Inferno e se tornará um dos demônios. Nesse caso, por mais que se esforce, misteriosamente ela irá fracassar.

Por exemplo, se ela administrar uma empresa, vai acabar deixando-a falir, pois terá a impressão de que precisa fracassar para subir ao Céu: "Tenho de falir e ficar sem um centavo, e assim poderei entrar no Céu. Se ganhar dinheiro, vou acabar caindo no Inferno". Por isso, ela acabará tomando decisões ruins e quebrando a empresa.

Como resultado da falência da companhia, se apenas o dono ficasse sem um centavo não haveria problema, porém toda organização possui funcionários. Não importa se eles são dez, trinta ou cem: o administrador tem a responsabilidade de cuidar deles e de suas famílias. O que ocorre com o próprio dono é problema dele; mas, se a empresa dele quebra, quem trabalha nela sofrerá as consequências. Portanto, a falência é um mal.

A correta diretriz da gestão de uma empresa é que ela seja capaz de gerar superávit por meio de produtos e serviços que sejam frutos de um trabalho correto e, com isso, conseguir pagar seus funcionários regularmente. Além disso, é preciso que a empresa tenha sonhos, sendo capaz de lhes proporcionar visões do futuro. É assim que uma empresa deve ser.

Claro, estamos acostumados a ouvir muitas histórias de ganhos ilícitos de dinheiro, e todos os dias alguém vira destaque nas manchetes dos jornais porque ficou cego pelo dinheiro e acabou se envolvendo em crimes. Uma vez que existe o risco de as pessoas correrem para a criminalidade quando pensam apenas em ganhar dinheiro de alguma maneira fácil e rápida, provavelmente devemos considerar os ensinamentos das religiões tradicionais citados anteriormente como advertências contra essas ações.

Por outro lado, a Happy Science traz o pensamento de "não negar a riqueza conquistada por meio de um trabalho árduo, do uso da sabedoria e de um esforço diligente". Mesmo para os indivíduos de fora do Japão, parece que essa mentalidade é uma grande novidade.

Em particular, os asiáticos e os africanos que leem meus livros traduzidos para o inglês ou para a língua nativa local interpretam assim: "Talvez consigamos construir uma nação se nos basearmos nesses ensinamentos. Talvez consigamos liderar o nosso país. Talvez possamos aplicar o segredo do sucesso do Japão exatamente da mesma forma".

O dinheiro que proporciona felicidade às pessoas é um bem

Eu gostaria de reforçar a ideia de que, se você tiver uma postura mental de rejeitar o dinheiro, não vai conseguir enriquecer; portanto, primeiro é melhor corrigir esse pensamento.

Você deve se esforçar para passar a pensar de forma que considere que a riqueza usada para bons atos é algo bom, e que são autênticos os valores gerados pelo esforço e pela diligência corretos, pelo uso exaustivo da sabedoria e por um trabalho correto.

Em suma, você não pode pensar que, ao ganhar dinheiro, está fazendo algo ilícito ou ruim. Por exemplo, se você é um fabricante, não adianta nada desejar ganhar dinheiro se você achar que quem compra seus produtos será infeliz. Em vez disso, você deve manufaturá-los e orar com o desejo de que "os compradores fiquem felizes ao usar os seus produtos". É importante ter o espírito de desenvolver produtos melhores que os dos concorrentes para que, aqueles que adquirirem, sejam felizes.

Há alguns anos, ocorreu um incidente com uma empresa que revendia ilegalmente "arroz contaminado" – pacotes de arroz que eram importados para produtos não alimentares mas que estavam, em parte, mofados – para serem consumidos como alimento. Se você faz algo desse tipo apenas para ganhar dinheiro, logo perderá toda a credibilidade.

A empresa em questão provavelmente deve ter achado um desperdício jogar tudo fora, e que, quem fosse usar, bastaria retirar os grãos que estivessem mofados. Contudo, pessoas que revendem esse tipo de produto só porque se trata de uma oportunidade de ganhar dinheiro têm dentro do coração intenções que não são boas. Alimentos estão diretamente ligados à saúde das pessoas; por isso, a ideia de obter lucro vendendo algo prejudicial à saúde é problemática. Essa atitude deve ser repreendida.

Esse é o rumo da degradação de alguém que fica cego pelo dinheiro. E, se a pessoa estiver fazendo isso conscientemente, é sem dúvida um mal.

Por outro lado, há indivíduos que de fato se preocupam com o bem-estar do próximo e se esforçam para oferecer bons alimentos. Contudo, casos como o do "arroz contaminado" podem trazer um grande prejuízo e causar sofrimento aos trabalhadores honestos e que fazem um esforço autêntico: depois que o caso ficou amplamente conhecido, houve uma queda no consumo de arroz e todos os produtores foram afetados. Por isso, não podemos perdoar essas fraudes.

Nesse sentido, não há nenhum problema em querer ganhar dinheiro se você está procurando sempre trazer, em sua motivação ou resultado, algum benefício para a sociedade. É necessário, sobretudo, certificar-se de que você tem a correta motivação.

Assim, eu gostaria que você considerasse que o dinheiro que gera tempo e que proporciona felicidade às pessoas é algo bom. Esse é o primeiro ponto a destacar.

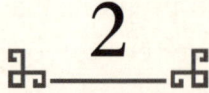

A maior autorrealização

Não basta apenas querer dinheiro, status e fama – é preciso merecer

Uma vez que existem tantas atividades diferentes no mundo, é difícil falar de um modo geral, mas as coisas que qualquer indivíduo deseja, como dinheiro, status e fama, não podem ser obtidas apenas porque se quer. Se você estiver trabalhando de modo que mereça recebê-las, as pessoas ao seu redor vão preparar o ambiente para que você as tenha.

Por exemplo, mesmo que não pense em ser promovido, se você faz um trabalho bem-feito, aqueles que estão ao seu redor vão reconhecer e naturalmente sua posição vai subir. Além disso, talvez você nem esteja pensando em ganhar mais dinheiro; se fizer um ótimo trabalho, de alto valor agregado, o ambiente onde você está inserido vai se transformar: a receita da empresa vai crescer e o seu salário vai aumentar naturalmente. É curioso, mas a consequência é exatamente essa. Não é necessário correr atrás desses desejos, eles serão atribuídos a você como consequência. Seja como for, você atrai aquilo que merece. É difícil sabermos o que merecemos, mas as pessoas à sua volta e a sociedade sabem.

No caso de uma empresa, sua reputação perante a sociedade é o que determina o seu tamanho. A sociedade faz uma avaliação geral do trabalho da empresa e chega à conclusão de até que ponto ela pode crescer. Se existe o desejo de que ela cresça mais, ela terá mais clientes e aumentará o seu tamanho.

Portanto, você receberá a posição que merece sem precisar correr atrás dela.

Se uma pessoa tiver um salário inadequadamente alto, um cargo muito elevado ou uma reputação exagerada, em algum momento entrará em cena o "princípio da compensação", que a forçará a fazer uma reflexão.

Por exemplo, se ela ficar milionária de uma hora para outra, algum incidente lhe tomará esse dinheiro. Ela pode fracassar em um investimento ou perder o que juntou até então devido a alguma mudança do ambiente. Mesmo que todos os seus esforços tenham dado bons resultados enquanto o vento soprava a favor, a situação pode mudar quando esse vento parar de soprar.

No entanto, se o que ela faz é algo realmente necessário e que a sociedade aprecia, ela vai sobreviver transpondo as mudanças da economia. As organizações que sempre pensam naquilo que o mundo precisa e se importam de fato com seus clientes continuam a crescer, independentemente das circunstâncias.

O mesmo ocorre em termos de ser promovido dentro de uma empresa. Basicamente, você não precisa se preocupar com sua ascensão. Basta pensar no crescimento da empresa e no quanto pode deixar contentes e felizes os clientes e as pessoas envolvidas com a empresa como resultado do trabalho que você realiza dentro dela. Se você tiver isso sempre em mente, vai receber naturalmente um cargo e um salário mais elevados.

O ser humano tem uma tendência a ser egocêntrico; por isso, tenha cuidado. Caso contrário, por causa desse egocentrismo, você pode ficar cego e não conseguir mais discernir as coisas. Assim, é importante se dedicar diariamente, considerando que, no longo prazo, a sociedade irá avaliá-lo corretamente.

Pessoas felizes não passam muito tempo pensando em si mesmas

Vou deixar um pouco de lado a questão do sucesso e abordar o tema mais comum da felicidade. Quando examinamos os eventos ao longo de um dia, podemos observar que os indivíduos que gastam boa parte do tempo apenas se preocupando consigo mesmos não são muito felizes. Aqueles que só têm olhos para si são, em maior ou menor medida, infelizes.

Por outro lado, as pessoas felizes não costumam se concentrar muito em si. Como estão sempre avaliando o que podem fazer pelo próximo, não têm tempo para pensar nelas mesmas.

Claro, até essas pessoas prestam atenção em si mesmas quando tiram um tempo para refletir, mas os infelizes pensam em si o dia inteiro. Acham que o mundo gira ao seu redor, inventando motivos e desculpas que justifiquem sua infelicidade e falando mal daqueles que consideram responsáveis por fazê-los infelizes. Essa é a característica deles.

Se você somar todo o tempo que gasta durante o dia pensando em si mesmo, terá uma noção se é infeliz ou não. Sinto muito em dizer isso, mas aqueles que sempre pensam em si são infelizes.

Vamos pegar o exemplo de uma dona de casa. Talvez ela perceba de repente que passa mais tempo não pensando em si mesma, mas em outras pessoas como o marido, as crianças, a vizinhança ou os amigos; portanto, é uma pessoa feliz. Mas se os seus pensamentos são voltados principalmente para si, é mais provável que seja infeliz.

Os indivíduos que são realmente felizes e que de fato alcançaram a autorrealização raramente ficam concentrados em seus próprios problemas. Você não conseguirá alcançar sua maior autorrealização se estiver preocupado somente consigo mesmo.

E qual é, afinal, a maior autorrealização de uma pessoa? É o quanto ela pode contribuir para a sociedade. Assim, a pessoa que conquistou a autorrealização costuma ter a mente preenchida por pensamentos sobre a sociedade e o mundo.

Se você começar a ter essa postura mental, podemos afirmar que está caminhando para a máxima autorrealização. É isso que eu gostaria de dizer.

Não importa se olhamos pela visão comum da felicidade ou pela visão do sucesso, não podemos garantir que uma pessoa com pensamentos egocêntricos é feliz nem que é bem-sucedida. Aqueles que passam menos tempo pensando em si são de fato felizes e alcançam o sucesso.

Eu gostaria que principalmente as mulheres refletissem sobre isso com cuidado. Você tem uma imagem péssima de si mesma quando está em casa? Ou você é dominada pelo medo? Sua mente está repleta de pensamentos sombrios como medo do futuro, medo de ser rejeitada, de não ser aceita pelos outros ou de ser humilhada? Analise bem seu comportamento e veja se não está preenchendo sua mente com essa energia negativa.

A coragem de enfrentar o medo do desconhecido também é um talento do empreendedor

Tenho algo a mais a dizer para os empreendedores. Os humanos são criaturas que se assustam com facilidade, mas, se você quer ser um empreendedor bem-sucedido, precisa lutar contra o medo do futuro e do desconhecido.

Todo mundo tem medo do desconhecido. No entanto, aqueles que possuem coragem para lutar contra esse medo têm o talento para ser empreendedores.

Quando a pessoa não enxerga o que está à frente, é comum que fique em dúvida sobre o rumo a tomar. Há muitos fatores envolvidos nessas escolhas, e sua decisão pode afetar diferentes aspectos da sua vida, como sua promoção, seu salário ou o destino de sua empresa.

Porém, é essencial que você vença essa luta contra o medo. Para superá-lo, é necessário ter sabedoria, coragem e, também, dedicação diária.

Essa postura é fundamental. Na vida, há armadilhas por toda parte; nós encontramos muitas potenciais fontes de fracasso ao longo do caminho. Entretanto, de uma perspectiva mais ampla, há algo em que se pode acreditar: a ajuda sempre chega para aqueles que são dedicados, não importando se estão diante de outras pessoas ou não.

Sempre haverá alguém estendendo a mão para aqueles que não são falsos, mas corretos e cuidadosos, para aqueles que dão o melhor de si, mesmo que ninguém os esteja observando. Eles vão sempre receber ajuda se por acaso fracassarem por caírem numa cilada ou estiverem com problemas.

Você pode acreditar nisso. As pessoas não são cegas; sem dúvida elas estão observando atentamente, com um olhar preciso como o de Deus, se você se mostra egoísta e está vivendo somente para si mesmo ou se é uma pessoa que tem propósitos elevados e se esforça constantemente.

Existe uma clara diferença entre o esforço que você faz apenas para mostrar que está trabalhando muito e o esforço genuíno, feito de forma autêntica.

Observando essa situação por um ponto de vista mais amplo, a sociedade pode até errar no curto prazo, mas nunca se engana no longo prazo. Portanto, se você como indivíduo ou sua empresa tem sabedoria, coragem e trabalha com afinco, tudo de acordo com um correto propósito, receberá uma avaliação correspondente.

Entretanto, obviamente há circunstâncias em que, por mais que você se empenhe, as atividades de sua empresa não caminham bem por causa de influências diversas, como o ambiente político ou a relação com outros países. Seu negócio também pode passar por dificuldades por estar num período de transformação do setor. Porém, nessas horas é importante não ter dúvidas e acreditar que, quando uma porta se fecha, outra com certeza se abre.

De modo geral, saiba que o caminho irá sempre se abrir para aqueles que trabalham com perseverança e acreditam em um futuro promissor.

Almeje um grande sucesso sem impor limites a si mesmo

É extremamente importante não pensar pequeno. Se o que você almeja é algo bom e pode trazer felicidade às pessoas, pense grande, não importa se o trabalho é da sua empresa ou seu, pessoal. Pense em um sucesso grande.

Imagine, por exemplo, uma pessoa que queira se tornar escritora e se dedicar a escrever romances. Nesse caso, ela não deve impor restrições a si mesma pensando: "Bons livros em geral não vendem muito bem; então, se eu vender 2 mil ou 3 mil exemplares, ficarei feliz". Se a obra for realmente boa, ela deve desejar que seja lida por milhões de pessoas.

Eu mesmo sempre raciocinei dessa maneira; por isso, hoje meus livros vendem nessa escala. E as vendas não se limitam a milhões; já estão na casa das centenas de milhões. Além disso, de repente percebi que já havia publicado mais de 800 títulos[3]. É estranho eu falar por mim mesmo, mas sinto o quanto trabalhei por mais de vinte anos.

Apesar de ter havido mudanças na minha maneira de trabalhar ao longo desses vinte anos, sempre dei o melhor de mim em cada momento, nunca me descuidei. Por isso, fui capaz de escrever tantos livros assim.

Além disso, no meu caso, apenas 10% do que estudei se tornaram livros. Os 90% restantes do meu conhecimento ainda não viraram livros e estão armazenados na minha mente.

Desse modo, sempre tive a preocupação de não escrever sobre o mesmo assunto, o que produziria um material de baixa qualidade e faria os leitores considerarem as obras uma perda de tempo e de dinheiro.

A sociedade tende a menosprezar as novas religiões, e eu não aceito a ideia de ter um volume de estudos inferior ao dos outros escritores e dos críticos. Tenho trabalhado com afinco e diligência por mais de trinta anos desde os meus 20 anos de idade. Como resultado, tenho um grande acúmulo de conhecimentos.

---

3 Até o final de 2011. Até abril de 2025 foram publicados mais de 3.200 títulos.

Graças a essa dedicação, realizei mais de 1.600 sermões[4] ao longo de vinte e poucos anos, sem repetir nenhuma delas. Essa é uma proeza difícil. Até os críticos influentes costumam insistir no mesmo ponto ao longo do ano. Os políticos, que parecem ser bons oradores populares, usam o mesmo discurso em todas as ocasiões.

Portanto, se uma pessoa não fizer um esforço enorme nos bastidores, não conseguirá dar palestras com conteúdo diferente e a cada ano publicar livros distintos. O que está na base de tudo isso é um imenso entusiasmo em querer divulgar a Verdade para bilhões de pessoas. Eu não sei de que maneira a Verdade alcança cada indivíduo; então, me esforço continuamente para criar diversas entradas e fazer com que a Verdade sempre atinja alguém. Assim, meus livros vendem de forma comparável à de autores de *best-sellers*, e provavelmente os leitores sentem que não desperdiçaram dinheiro.

A propósito, eu não recebo os royalties dos livros que disponibilizo internamente na organização da Happy Science. Quanto àqueles vendidos nas livrarias, antes eu recebia os royalties do mesmo modo que os outros autores, mas hoje toda essa quantia é destinada à nossa instituição.

---

4 Até o final de 2011. Até abril de 2025 foram realizados mais de 3.500 sermões.

Além disso, eu mesmo atuo como um Anjo da Riqueza[5], doando parte da minha renda para bolsas de estudo e a construção do Auditório Memorial Ryuho Okawa, na Academia Happy Science.

É muito bom ter dinheiro porque você pode usá--lo livremente para boas iniciativas. Seja como indivíduo, seja como empresário, será muito bom se você fizer seu empreendimento prosperar, com o espírito de aumentar sua renda por meio de um trabalho honesto e empregar em projetos corretos o dinheiro que entrou. Tenha o espírito de gerar reservas para poder realizar essas boas iniciativas.

---

5 Na tradição japonesa há a figura dos Sete Deuses da Sorte, que trazem boas energias como sorte, fortuna, felicidade e prosperidade no Ano-Novo. Um deles é Daikokuten, o deus da riqueza e do comércio. Na Happy Science, os seguidores que fazem grandes contribuições financeiras para apoiar a organização recebem a denominação de *daikokuten*. Na Happy Science do Brasil, esse termo foi adaptado para Anjo da Riqueza. O termo também se refere a uma pessoa que dá apoio financeiro a uma ordem religiosa.

3

Como vencer em uma batalha individual que leva em conta todos os seus recursos

◆ ◆ ◆

Quem tem o poder de persuasão será bem-sucedido em qualquer área

Por último, gostaria de acrescentar mais um ponto. Persuadir alguém é como uma disputa de vale-tudo de um indivíduo *versus* outro indivíduo, em que todos os recursos são permitidos. Quando uma pessoa persuade outra, o que está em jogo é a sua avaliação geral como ser humano.

E não é possível uma pessoa ser boa em persuadir e não saber ganhar dinheiro. Em geral, dizem que numa empresa a capacidade de vendas do dono é cem vezes maior que a de um integrante da sua equipe de vendedores. E isso fica evidente nas diferenças de salário e de cargo. Mas, no fim das contas, essa disparidade é a *diferença de competência entre os seres humanos*.

Dessa forma, quem tem poder de persuasão possui uma grande força subjacente ou extensas habilidades como ser humano.

A persuasão consiste em uma batalha que usa todos os recursos: experiências do passado, acúmulo de conhecimento, capacidade de julgar o caráter alheio, intuição, sensibilidade espiritual, força dos espíritos guardiões e dos espíritos guias, cooperação dos aliados etc. Os resultados reais refletem todos esses fatores intangíveis que estão em ação.

Portanto, não tenho a menor dúvida de que o indivíduo que tem poder de persuasão será bem-sucedido em qualquer área. Não importa se ele mudar de emprego ou começar um empreendimento: com certeza terá sucesso. Significa que ele tem uma grande capacidade de trabalho. Por outro lado, quem não tem poder de persuasão fracassará em tudo. Essa habilidade se aplica a tudo.

Esforce-se tendo como lema a sinceridade

A pessoa competente executa seu trabalho rapidamente. Em um instante ela termina a tarefa e, com o tempo disponível, pode ajudar os colegas ou assumir novos desafios.

A competência de uma pessoa se manifesta em tudo que ela faz. Se ela acha que tem um poder de persuasão cem vezes maior do que os demais e se isso for realmente um fato, ela pode sem dúvida se tornar presidente de uma empresa. Não importa se é um homem ou uma mulher, se esse indivíduo tem um poder de persuasão cem vezes maior do que a média, ele tem "calibre" para ser o presidente de uma companhia.

Persuadir alguém é uma boa oportunidade para testar a si mesmo. Nessa hora, é importante, sobretudo, ser sincero. Jamais pense em ter sucesso enganando ou ludibriando os outros. No trabalho, por exemplo, jamais engane ou iluda seu cliente tentando vender-lhe um produto ruim. Essa forma de agir não funciona por muito tempo e, se algum superior souber dessa prática, terá vontade de demitir o funcionário que faz isso.

Assim, esforce-se tendo como lema a sinceridade. Você pode aplicar esse princípio em qualquer setor da sua vida. É isso que eu gostaria que você soubesse.

Tenha grandes propósitos sem impor limites

Você deve realmente ter grandes propósitos, sem impor limites a si mesmo. É enorme a quantidade de pessoas que tendem a pensar pequeno.

Certa vez, li o seguinte conto cômico.

Era uma vez um homem que pescava trutas em um rio. Quando pegava uma truta pequena, colocava-a dentro do seu cesto. Quando pegava um peixe grande, devolvia-o ao rio.

Uma pessoa que observava o pescador ficou intrigada, tentando imaginar por que o homem agia da-

quele modo. Então, quando lhe perguntou, o pescador respondeu: "A frigideira da nossa casa só tem 25 cm de diâmetro, e não dá para fritar uma truta maior. Por isso, solto as trutas grandes e levo para casa só as menores".

É uma história engraçada, mas, na verdade, com frequência as pessoas agem da mesma forma. Levam para casa apenas os "peixes pequenos" e soltam os "peixes grandes" porque eles não cabem na frigideira.

Se esse for o seu caso, basta trocar por uma frigideira maior. Por favor, compre uma "frigideira grande". Talvez você esteja se restringindo, pensando em termos da sua capacidade ou do tipo de trabalho com o qual você é capaz de lidar, mas essa mentalidade é a mesma do pescador do conto que apresentei: soltar os peixes grandes e levar os peixes pequenos pensando no tamanho da frigideira.

Há muitas pessoas no mundo que agem assim. O importante é providenciar uma frigideira maior. Eu gostaria que você fritasse um peixe maior em uma frigideira maior. Por favor, não tenha pensamentos limitados ao tamanho da sua "frigideira".

Não imponha restrições a si mesmo dizendo: "Não quero peixes com mais de 25 cm". Pense em conseguir uma frigideira maior. Termino o capítulo fazendo esse pedido a você.

Capítulo Dois

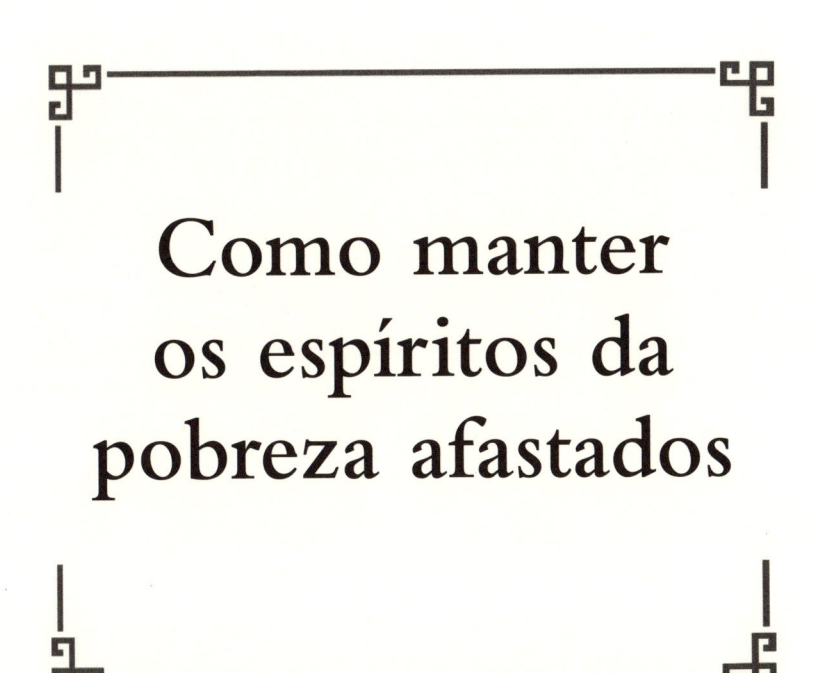

Como manter os espíritos da pobreza afastados

1

Provoque o milagre da atração da riqueza

◆ ◆ ◆

A Happy Science é uma organização capaz de provocar muitos tipos de milagres

Há todos os tipos de milagre ocorrendo na Happy Science, e agora, como uma das categorias de milagres, eu gostaria que ela provocasse aqueles relativos à riqueza. É claro, há milagres da cura de doenças, da repentina melhoria na capacidade de estudar ou do avanço nos relacionamentos interpessoais. De fato, este mundo está repleto de diferentes milagres, e também na Happy Science temos visto muitos deles. Mas uma categoria que não devemos esquecer é o milagre de atrair a riqueza. Somos uma organização capaz de provocar o milagre da atração da riqueza.

Tenho abordado esse assunto de tempos em tempos, mas creio que até o momento a maior parte do meu público ainda não despertou o suficiente em relação a isso. Percebo que muitos ainda não o entenderam bem. Sinto que há indivíduos que ouvem meus sermões com seus ouvidos, mas deixam as palavras apenas passarem pela mente. Ou, mesmo quando estão lendo um dos meus livros, fazem uma leitura superficial, imaginando que esse tipo de milagre deva mesmo ocorrer em algum lugar do mundo, sem perceber que estou me referindo também a eles próprios.

Infelizmente, quando se trata da iluminação da riqueza, sinto que a capacidade de aprendizado dos nossos seguidores não se manifestou nem um centésimo.

Muitos ainda acham que o milagre da riqueza só ocorre com os outros e pensam: "No mundo deve haver pessoas escolhidas por Deus ou Buda para serem prósperas. Acho que de vez em quando devem surgir indivíduos que nasceram com a missão de ser um Anjo da Riqueza. Mas isso não tem nada a ver comigo".

A grande maioria pensa assim. Contudo, essa mentalidade é um erro. Da mesma forma que ocorrem milagres de cura na Happy Science quando o indivíduo estuda as regras do coração e passa a viver de forma a não atrair os maus espíritos, os milagres relacionados à riqueza também são governados por certas regras.

Dominar as "regras para atrair a riqueza" também é uma forma de iluminação

De vez em quando, os milagres de cura de doenças são noticiados em matérias nas nossas revistas mensais de difusão. Contudo, os casos relatados constituem uma pequena parcela, não passam da ponta de um iceberg. A verdade é que, quanto mais incrível ou surpreendente é o milagre, menos aparece nessas reportagens. Justamente aqueles milagres que mais deveriam ser compartilhados não são publicados. Em geral, costumam virar notícia aqueles casos de cura que parecem ocorrer naturalmente.

Por exemplo, um dos milagres de maior impacto foi o descrito a seguir. Certa pessoa teve traumatismo craniano em um acidente. Seu crânio fraturou e o lobo frontal se deformou tanto a ponto de ficar irreconhecível, e a hemorragia não parava. O médico, em seu diagnóstico, não sabia dizer se o paciente iria sobreviver do jeito que estava e concluiu que seria necessária uma cirurgia urgente na cabeça.

Na noite do acidente, um orientador que estava em um dos templos de treinamento espiritual da Happy Science realizou uma prece ritual desejando reverter o quadro grave daquela pessoa. Na manhã seguinte, quando os médicos tiraram mais radiografias como preparo para a cirurgia, observaram atônitos que a hemorragia havia cessado. Então, em vez de começarem a cirurgia, resolveram deixá-lo em observação. O paciente teve uma recuperação rápida e, em pouco tempo, seu crânio voltou ao normal, sem apresentar nenhuma sequela.

São essas coisas que ocorrem na vida real. No entanto, passaram-se muitos anos e essa história nunca foi mencionada em uma de nossas revistas mensais. A Happy Science é o tipo de organização que não se importa em deixar um caso de milagre tão intenso assim passar despercebido. Eu, que sou o presidente, só fiquei sabendo depois de vários anos.

Qualquer outra religião logo usaria esse tipo de evento para fazer propaganda e se promover. Isso é o que normalmente ocorre, mas, no nosso caso, todos se mantiveram em silêncio sobre esse fato, e só por acaso veio essa informação até mim.

Em circunstâncias normais, uma cura assim é impossível. A vítima tinha sofrido um traumatismo craniano crítico, mas se recuperou sem passar por nenhuma cirurgia nem ficou com sequelas.

Houve casos em que um câncer foi curado da noite para o dia por meio das preces rituais da Happy Science, o que é um fato surpreendente. Mas, quando isso ocorre, algumas pessoas podem pensar: "Talvez o diagnóstico de câncer tenha sido resultado de uma análise errada das radiografias".

No entanto, quando se trata da recuperação de uma fratura no crânio e de uma concussão cerebral, de modo nenhum se pode dizer que foi um erro na análise das radiografias. As preces rituais da Happy Science têm força para "mover um continente".

Porém, preciso dizer que, antigamente, a Happy Science era péssima em fazer um bom uso de histórias como essa, mesmo em se tratando de um milagre extraordinário. Parece que os nossos funcionários tinham uma capacidade tão baixa de discernir as informações que não conseguiam imaginar o impacto que causariam se divulgassem esses milagres. Conduziam seu trabalho como um funcionário assalariado ou um servidor público, apenas executando com afinco as tarefas que lhes eram delegadas.

Essa é a prova de que eles não haviam assimilado o suficiente as "regras para atrair a riqueza", que explicarei a seguir. Existem diversos tipos de iluminação; saber usar as regras para atrair a riqueza também é um deles. A pessoa que ainda não os dominou não percebe ou não tem ideia de que, na verdade, ela tem potencial para aumentar sua renda ou aumentar o número de seus apoiadores. Essa é a realidade.

2

O que fazer para não ser possuído por um espírito da pobreza

◆ ◆ ◆

Você está possuído por um espírito da pobreza?

No mundo, existem pessoas muito boas, honestas e esforçadas, que acreditam estar pegando peixe com um cesto quando, na verdade, estão apenas colhendo água com ele. Não importa se são funcionárias em uma empresa ou se têm um negócio próprio; parece que tais pessoas estão sempre tentando pegar peixes com um cesto ou um balde furado. Elas deixam escapar oportunidades, mesmo quando estão cara a cara com clientes importantes ou com aqueles que estão prontos para fazer um pedido.

Por exemplo, alguns indivíduos perdem a rara oportunidade de conversar com uma pessoa-chave da empresa com a qual estão negociando. Em vez disso, gastam toda a sua energia com alguém que não tem a chave do seu sucesso. E, mesmo que eles ouçam muitas vezes os seus conselhos, tentam várias vezes pedir o apoio ou negociar com as pessoas que não podem ajudá-los em nada. Esses indivíduos trabalham duro para fazer visitas, repetidas vezes, a clientes em potencial que não só não possuem autoridade para tomar decisões, como também não têm nenhuma intenção de transmitir as conversas aos seus superiores. Ao contrário, nunca falam com quem de fato possui alguma autoridade ou que possa compreender o assunto em questão. Esses são os indivíduos que deixam escapar a promoção e o aumento de renda.

Há diferentes formas de descrever essas pessoas, todas de acordo com suas características individuais, mas em geral pode-se dizer que elas ainda não assimilaram as regras para atrair a riqueza. Em outras palavras, eu gostaria de perguntar a você o seguinte: "Será que você não está possuído por um espírito da pobreza? Examine bem se é você, pessoalmente, que está sendo possuído por ele ou se é a sua empresa que está possuída".

Os espíritos da pobreza podem possuir não só um indivíduo, como também uma empresa e até mesmo uma nação

Se, por mais que trabalhe, você não consegue juntar dinheiro e suas dívidas só aumentam, é bem provável que você ou sua empresa esteja possuído por um espírito da pobreza.

Além disso, há casos em que uma nação inteira fica possuída por ele. O Japão está assim atualmente[6].

Estou trabalhando arduamente, pensando em alguma forma de salvar uma nação quando o seu dirigente está possuído por um espírito da pobreza. Se ao menos eu conseguisse afastar o líder máximo que está possuído, seria possível dar um jeito; no entanto, neste momento está difícil afastá-lo.

Hoje, o líder do Japão está arrastando todo o povo para baixo; por isso, nós da Happy Science estamos lançando luz sobre a nação a partir de baixo, o que é uma tarefa bem complicada. Quando a luz incide de baixo para cima, leva certo tempo para expulsar esse espírito da pobreza (o líder da nação) fazendo-o sentir-se queimar. Não há muito o que possamos fazer, pois há uma multidão apoiando-o.

Seria fácil afastá-lo se essa população não o apoiasse. Muitos estão do lado dele porque seu estado espiritual está em sintonia com o dele e, com isso, acham que são amigos. Por isso, acabam empobrecendo também.

Qual é o motivo de uma nação ficar com déficit orçamentário e empobrecer? É porque o serviço que o governo realiza não deixa a população enriquecer. É nítido que o trabalho do governo está tornando as pessoas mais pobres.

---

6 Refere-se à época em que esse sermão foi realizado.

Há indivíduos no mundo que, na hora de tomar uma decisão apenas entre duas opções, acabam fazendo a escolha errada ou decidem pegar o caminho que traz prejuízos. Na verdade, há muitas pessoas no mundo que perdem consecutivamente em uma aposta fácil de 50%. Quase sempre, as alternativas se resumem a duas possibilidades: direita ou esquerda, sim ou não, uma ou outra. Apesar disso, uma parcela da população tem a tendência de escolher a opção contrária à correta. Infelizmente, quem apoia o espírito da pobreza vai sofrer a mesma sina.

O mesmo ocorre com as empresas. Quando o presidente é possuído por um espírito da pobreza ou alguém que personifica esse espírito, não é tão fácil salvar essa empresa. Mesmo que haja um subordinado que personifique o deus da fortuna, ele precisaria se esforçar demasiadamente, pois não é tão simples apagar a negatividade causada pelo espírito da pobreza que está acima dele.

Os espíritos da pobreza são, na verdade, o espírito de empresários que cometeram suicídio

Os espíritos da pobreza existem na vida real. Costumo dizer que no outro mundo há, de fato, maus espíritos e demônios, que têm como "profissão" causar sofrimento aos seres humanos por meio de doenças e acidentes. Foram pessoas que se tornaram infelizes enquanto estavam vivas neste mundo. Quando morrem e se tornam seres espirituais no outro mundo, ficam satisfeitas ao causar infelicidade aos outros e sentem vontade de dizer "bem feito!".

Elas não desejam felicidade para si, mas, ao produzir infelicidade em massa, têm a impressão de que sua infelicidade é atenuada. Quando veem muitas pessoas se tornando infelizes, têm a sensação de sentir felicidade. Existem espíritos assim, que vivem na realidade virtual e atuam efetivamente nos bastidores. Um desses tipos é o chamado "espírito da pobreza", que provoca infelicidade financeira.

E qual é a verdadeira identidade deles? Geralmente foram pessoas que, quando vivas, possuíam um negócio próprio, mas deixaram a empresa falir e tiveram um fim trágico, enforcando-se ou desestruturando a família.

Se uma empresa for possuída por eles, pode acabar quebrando. Ou seja, se o espírito da pobreza possuir um conhecido seu que esteja vivo, a empresa deste pode falir da mesma forma que ocorreu com a do espírito. Esse padrão de acontecimentos é comum.

Dessa forma, há casos em que os espíritos da pobreza se aproximam de pessoas que conheceram em vida. Há outros em que esses espíritos permanecem apegados a um local, provocando a falência certa do negócio que for realizado naquele terreno ou do ponto comercial instalado em um imóvel que está sob essa influência.

Há locais famosos por terem em seu histórico uma sucessão de empreendimentos que faliram. Se uma fábrica é construída lá, acaba quebrando. Se surge uma loja, o negócio também não dá certo. Parece até que estou falando de feng shui ou algo semelhante, mas precisamos ter cuidado, pois existem na vida real locais que estão possuídos pelos espíritos da pobreza.

As pessoas se tornam semelhantes àqueles que respeitam

Então, que medidas podemos tomar contra esses espíritos? Em essência, a possessão por esses seres baseia-se nas regras do coração que tenho ensinado. Os espíritos do outro mundo serão atraídos pelas pessoas deste mundo que forem semelhantes por causa da Lei da Sintonia das Vibrações. Entidades do mesmo tipo sempre se conectam; por isso, se a pessoa que está vivendo aqui na Terra tem uma vibração que atrai um espírito da pobreza, ele vai atender a essa vibração.

É um caso à parte quando um indivíduo na verdade tem dinheiro, mas chama esse espírito forçadamente por amá-lo. Se ele sempre estiver pedindo em sua prece: "Ó espírito da pobreza, venha. Ó espírito da pobreza, venha", ele virá. Se o indivíduo o está chamando de forma consciente, então não há o que fazer. Mas, deixando de lado o caso desses indivíduos de gosto peculiar, a verdade é que maioria das pessoas está sintonizada com os espíritos da pobreza mesmo sem saber.

Uma das causas que podem dar origem a essa conexão inconsciente é o ambiente familiar em que a pessoa viveu antes de se tornar adulta. Há diversas pessoas cujos pais tiveram dificuldades financeiras quando elas eram crianças. O Japão sofreu demais com falências e desemprego depois da guerra; por isso, creio que muitos pais passaram por uma fase de miséria. Contudo, provavelmente eles descrevem esse período como uma história heroica para seus filhos.

O filho talvez fique com o pensamento gravado em sua mente: "Como meus pais sofreram, suportando a falência da empresa várias vezes! Então, a vida é assim... não dá para viver sem dar duro". Quando isso ocorre antes de a criança completar os 20 anos, quanto mais ela respeitar os pais, mais ela tenderá a repetir o que os pais fizeram.

As crianças imitam seus pais inconscientemente. Vivenciar a pobreza também é algo valioso, mas se esse valor for superestimado e gravado na mente delas de forma exagerada, elas irão repetir os mesmos erros dos pais. Deve-se ter cuidado com essa programação mental.

Esse é um exemplo de um indivíduo que atrai o espírito da pobreza de modo inconsciente, mas a causa também pode ser a postura mental depois que ele se torna adulto.

No âmbito político, tenho restrições às ideologias de esquerda. Publiquei certa vez uma mensagem espiritual de Karl Marx[7]. Nessa mensagem, revelei que Marx, o próprio fundador da ideologia de esquerda e do comunismo, tem estado adormecido há mais de um século no Inferno da Inconsciência. Não há dúvida de que quem seguir a filosofia dele vai ter o mesmo destino.

Portanto, a pessoa que você respeita e lhe serve de exemplo constitui uma questão de extrema importância. Durante a infância, você observa principalmente seus pais; por isso, recebe forte influência deles. Mas, em algum momento, você deve eliminar essas influências. Se eles forem bons pais, você pode imitá-los. Contudo, se você perceber uma característica negativa em seus pais, não os respeite nesse ponto. Em vez disso, coloque outra pessoa que você deve respeitar naquele papel e pense: "Eu quero ser como ela".

---

[7] *Marx, Mao Tse Tung no Spiritual Message* ("Mensagens espirituais de Marx e Mao Tse Tung", Tóquio: IRH Press, 2010.)

Há muita gente que teve sucesso econômico e trabalhou duro para melhorar o mundo. Se você respeita uma pessoa, sente afinidade e deseja continuamente ser como ela, aos poucos vai entrar em sintonia e começar a se parecer com ela. O ser humano se torna parecido com o indivíduo que respeita, sente-se atraído por aquele que admira; portanto, é importante ter como exemplo quem foi bem-sucedido.

A influência que recebemos de nossos pais durante a infância é enorme, e não há nada que alguém possa fazer para mudar isso. Porém, ao se tornar adulto, você deve se livrar dessa influência.

Por exemplo, se você já passou dos 30 anos, não fique mais tentando justificar seus atos ao cometer os mesmos erros dos seus pais, dizendo que fez tal coisa porque seus pais sempre fizeram desse modo. Assim você está fugindo da responsabilidade. Com 30 anos, a responsabilidade é sua, não dos seus pais. Passando essa idade, é responsabilidade sua o que você vai apoiar em termos de filosofia econômica, visão de emprego, de trabalho, de sociedade ou de política.

Afirme que a criação da riqueza é algo bom e se dedique com afinco

Basicamente, não há nenhum problema em ser gentil com os fracos. E o mesmo pode ser dito em relação à atual[8] administração do Partido Democrático do Japão (PDJ). No entanto, quando se constrói uma sociedade na qual todos empobrecem e enfraquecem, o resultado é uma decadência geral. E quando isso ocorre, na verdade fica impossível salvar os fracos. A sociedade perde a força de que precisa para salvar os mais fracos.

Quando se cria uma cultura na qual o povo sente raiva e inveja daqueles que conquistam o sucesso trabalhando diligentemente, esforçando-se para ter ideias criativas e amealhar uma fortuna ou administrando uma empresa, isso fará com que as pessoas se comportem de forma a não querer obter riqueza ou sucesso para não ser o alvo dessa inveja ou desse ódio. Elas vão reduzir o nível de atividade econômica, pois, se forem iguais aos demais, não sofrerão nenhuma opressão.

Como resultado, essa sociedade ficará padronizada num nível inferior, e esse baixo nível passará a ser a regra. Quando aqueles que estão no topo da sociedade param de se esforçar e reduzem o nível, não vai mais haver quem salve os fracos, já que aqueles que estão na parte de baixo vão permanecer onde estão.

O déficit orçamentário de uma nação ocorre porque o governo usa o dinheiro arrecadado dos impostos de forma ineficaz. Desse modo, ele não consegue fazer a nação prosperar. Quando o governo é incom-

---

8 Na época em que este sermão foi realizado.

petente no uso desse dinheiro, deixa os cofres públicos no vermelho.

O mesmo ocorre com uma empresa. É possível deixá-la no vermelho apenas com as decisões tomadas por seu dono ou presidente. Em suma, se você não tiver a mentalidade de afirmar que a criação da riqueza é algo bom, será difícil alcançar a prosperidade. Por favor, não cometa esse erro.

Muitas religiões antigas rejeitam a riqueza por considerá-la algo diabólico, e o budismo e o cristianismo não são exceções. Entretanto, na época em que os fundadores dessas religiões viveram, a economia monetária não estava tão desenvolvida e as ordens religiosas costumavam ser pobres. Portanto, os ensinamentos daqueles tempos não podem ser aplicados diretamente nesta era moderna do capitalismo. As religiões antigas muitas vezes dizem que a "riqueza é um mal" como uma justificativa por não conseguirem se adaptar à economia moderna. Você deve ter consciência disso.

3

A essência da riqueza

◆ ◆ ◆

É grande o número de pessoas beneficiadas por você e que lhe são gratas?

Qual é a essência da riqueza? Em poucas palavras, é ser útil a muitas pessoas. Como esse é um conceito importante, vou repeti-lo. A essência da riqueza reside, basicamente, em fazer algo que beneficia um grande número de indivíduos.

Ao olhar essa afirmação do ponto de vista oposto, podemos dizer que beneficiar um grande número de pessoas significa ser valorizado por muitas pessoas. Em suma, se há pessoas agradecidas dizendo-lhe: "O serviço de sua empresa está me ajudando muito. Meu trabalho ficou realmente prático. Muito obrigado", essa empresa vai lucrar.

No Japão, por exemplo, quando foi criado o serviço de Entrega Expressa com Coleta Domiciliar, em fase de sua implantação os líderes desse empreendimento tiveram de lutar contra as regulamentações dos órgãos públicos da época, como os extintos Ministério dos Correios e das Telecomunicações e o Ministério do Transporte. Foram obrigados a enfrentar diversos processos judiciais.

Porém, com o surgimento desse serviço, o envio de bens tornou-se algo muito prático, alcançando qualquer parte do Japão em menos de 24 horas. É um serviço gratificante.

Na época, como o correio não fazia entregas aos sábados e domingos e havia basicamente mais de cem desses "dias sem serviço" em um ano, levava um século para uma encomenda chegar. Além disso, se você fosse a uma agência dos correios para despachar um item, provavelmente iria ouvir de algum funcionário: "Esse pacote não está dentro dos nossos parâmetros", e iria recusá-lo. Se isso acontecesse, só lhe restaria voltar para casa e refazer o embrulho. Eu mesmo passei por isso, e posso dizer que não é nada divertido. É irritante porque você está sendo rejeitado, apesar de ser o cliente.

O funcionário do correio iria lhe informar: "As medidas máximas de comprimento, largura e altura do pacote devem ser X, Y e Z", mas ninguém descobre isso até ir a uma agência.

Por outro lado, se uma empresa gerencia um serviço de entrega em domicílio e lhe diz: "Qualquer tamanho serve. Nós coletamos a encomenda na sua casa e a entregamos ao destinatário pontualmente, em 24 horas", com certeza esse serviço vai satisfazer qualquer pessoa.

É natural deduzir que essa empresa vai obter muitos lucros. É um negócio certo. E, se surgir um concorrente oferecendo serviços ainda melhores, obviamente vai ganhar ainda mais dinheiro.

Para concluir, a essência da riqueza não é complicada. Consiste em ser útil a um número cada vez maior de pessoas. Em outras palavras, consiste em receber o respeito e a gratidão de mais e mais pessoas. E, se a essência da riqueza é isso, há alguma coisa errada em pensar: "A riqueza é um mal. Palavras como: 'Seja próspero!' são sussurros do demônio". É ilógico considerar que um trabalho merecedor de gratidão seja um mal.

Os ensinamentos antigos tendem a rejeitar a riqueza porque no passado as coisas eram muito diferentes. Hoje, se você trabalha com o intuito de servir a sociedade, ela lhe será grata e você vai receber dinheiro pelo que você faz. Portanto, se você não consegue lucrar, trazer dinheiro para casa ou aumentar as vendas, significa que não está de fato contribuindo para o mundo. As pessoas não estão gratas com o seu trabalho pois você não está sendo útil. Mas, se estiver escrito "promoção", a história é outra.

Em suma, não adianta realizar um trabalho que não contribua para o próximo. Desse modo, sua renda não aumenta. E se a situação da empresa piorar, você será obrigado a adotar diferentes medidas de economia e os funcionários serão alvo de demissão.

O exemplo de uma grande companhia aérea que deixava seus clientes indignados

Já mencionei em outra ocasião a história de certa grande companhia aérea japonesa. Digo "certa", mas, como só há duas grandes companhias aéreas no Japão, você pode descobrir facilmente à qual delas me refiro. É a que recebeu apoio financeiro do governo há alguns anos.

Costumo usá-la para fazer viagens missionárias dentro do país. Essa empresa estabeleceu uma regra interna que permitia que até somente quatro pessoas por grupo pudessem entrar na sala de espera especial. Certa vez, usamos essa sala quando estávamos em cinco pessoas. Alguns dias depois, o departamento de vendas da companhia ligou para nós, dizendo: "Só era permitido usar a sala especial até quatro pessoas, mas o grupo dos senhores, da Happy Science, tinha cinco pessoas, violando essa norma".

Mas, se você pensar bem, verá que é uma história esquisita. É melhor haver cinco clientes juntos do que quatro, pois assim a empresa ganha mais. Seria desejável que viessem muito mais clientes.

Por que até quatro pessoas? Viajar é diferente de jogar mahjong, em que participam até quatro jogadores. Ou, por exemplo, em um restaurante chinês, as mesas acomodam no máximo quatro pessoas. Mas uma companhia aérea não precisa mesmo pensar numa base de quatro, e poderia muito bem permitir um grupo de cinco pessoas.

Comentei o que havia ocorrido em um de meus sermões e, depois de algum tempo, começaram a providenciar uma cadeira adicional naquela sala de espera especial. A empresa aérea captou a informação e logo mudou o atendimento. Essa reação foi admirável.

Até então, eles estavam adotando a "formação mahjong", de grupos de quatro pessoas. Contudo, os clientes não viajam necessariamente em quatro. Podem estar em grupos maiores ou menores.

No nosso caso, como nos advertiram dizendo: "Estão violando a regra. Um dos senhores deve esperar fora da sala", enquanto não acrescentaram uma cadeira sempre havia um secretário que ficava fora da sala, de pé. Ele só se juntava ao grupo novamente quando chegava o horário do voo.

Se a sala ficasse lotada eu não diria nada, mas geralmente aquela sala ficava quase vazia. Mesmo com espaço mais do que suficiente, a companhia se mantinha trabalhando com essa regra injustificada de limite de quatro pessoas. Além disso, ela contraiu dívidas enormes; considero questionável que uma empresa trabalhando assim receba subsídios do governo da ordem de dezenas de bilhões de dólares.

O problema é que a mentalidade dessa empresa deixava seus clientes indignados. É uma enorme ofensa para os clientes a companhia aérea discutir e reclamar por haver excesso deles. Na verdade, eu nunca mais queria pegar um voo dela, mas continuo usando-a por não haver muitas opções.

Atualmente, ela mudou a sala para que cinco pessoas possam se sentar. Faço elogios a ela por ter captado as informações que apresentei no sermão e ter tomado as medidas adequadas, mas devo acrescentar que, por incrível que possa parecer, as grandes empresas costumam fazer coisas desse tipo com muita frequência. Entretanto, essa não é uma atitude bem-vinda em empresas privadas.

E no setor bancário japonês, a seguinte situação ocorreu por um longo período. O antigo Ministério das Finanças supervisionava todas as decisões relativas aos serviços oferecidos pelos bancos. Ele determinava inúmeras restrições, como: "A caixa de fósforos usada como brinde deve ser de tal tamanho" e "Pode-se servir chá ao cliente, mas não café".

Contudo, essa não é uma tarefa de um órgão público. Para servir café, chá preto ou chá japonês, basta que o banco olhe o valor do contrato com o cliente e ele mesmo vai determinar o que oferecer. Ele pode ser bem cortês com grandes clientes e ter um atendimento satisfatório com os pequenos. Dependendo do caso, um copo d'água é o suficiente.

Na época, o ministério definia até se os bancos podiam disponibilizar lenços de papel ou não. Não cabe aos órgãos públicos decidir isso. Essa interferência do Estado contribuiu consideravelmente para retardar a economia japonesa. Essa maneira de pensar que rejeita o aumento da riqueza é frequente; você deve ter cuidado com isso. Tenha afinidade com a riqueza.

Não rejeite a riqueza – use o dinheiro acumulado para o bem

Eu gostaria de repetir este conceito: quando você pensar em riqueza, seu ponto de partida deve ser beneficiar um número cada vez maior de pessoas. Em outras palavras, ser rico é receber a gratidão de cada vez mais pessoas. Eis a fonte da riqueza.

Do ponto de vista da Verdade Búdica, não há nenhum erro nessa postura. Se você serve ao próximo, recebe a gratidão dele e assim aumenta sua renda, não há o que criticar. Então, use o aumento de sua renda para o bem. Seria errado pensar em comprar uma pilha de metralhadoras e apoiar um grupo de guerrilheiros ou distribuir essas armas para facções radicais e causar atos de terrorismo. Mas, se você usar o dinheiro que juntou para um fim benéfico e não para apoiar o crime, não há nenhum mal.

Há alguns anos, a Happy Science havia anunciado que iria construir duzentos templos locais e, no terceiro trimestre de 2010, concluiu esse projeto. Além disso, possuímos templos *shoshinkan*[9] e diversos outros estabelecimentos maiores, que chegam a mais de cem. Sinto-me muito feliz por conseguir deixar um legado concreto.

Nossos templos locais são faróis de luz que iluminam a vizinhança. Por isso, construí-los é um bom uso do dinheiro. A existência de um templo em certa área torna-se uma força para que nossos seguidores possam difundir a Verdade às pessoas do local e reuni-las nesses estabelecimentos.

Assim, é uma atitude benéfica ter um aumento substancial de sua receita ou aumentar o lucro de sua empresa a fim de usar o dinheiro para o bem. Por favor, não negue a riqueza.

---

9 Templos maiores utilizados para treinamento espiritual.

4

Tenha pensamentos alegres, positivos e voltados para o futuro

◈ ◈ ◈

O espírito de Sontoku Ninomiya[10], que vinculou os estudos à capacidade de ganhar dinheiro

Não importa o que os outros digam. Se você achar que uma pessoa está recebendo conselhos de um espírito da pobreza, não deve escutá-la, nem mesmo se essa pessoa for o primeiro-ministro.

Hoje, muitos indivíduos estão sendo possuídos pelo espírito da pobreza, sobretudo os profissionais da área da educação; portanto, aqueles que aprendem com eles também vão empobrecer. É uma educação errada que estão dando com bastante esforço.

É de suma importância transmitir também às crianças um espírito empreendedor. No entanto, se os

---

10 Sontoku Ninomiya (1787-1856) foi um líder agrícola japonês e filósofo. Nasceu em uma família de camponeses, mas ficou famoso depois de reorganizar as finanças de uma família samurai a quem servia. Então, passou a ajudar a recuperar mais de seiscentas aldeias e propriedades feudais. Ele também é conhecido como a primeira pessoa a praticar o capitalismo no Japão. (N. do E.)

professores tiverem assimilado a "educação do espírito da pobreza", é muito provável que seus alunos também fiquem pobres. Isso é lamentável.

Atualmente, o Partido da Realização da Felicidade[11] está produzindo estátuas em miniatura de Sontoku Ninomiya lendo meu livro *Manifesto do Partido da Realização da Felicidade*[12]. Antigamente, quase todas as escolas do ensino fundamental tinham uma estátua dele. A escola primária que frequentei também possuía uma.

Ninomiya era o tipo de pessoa com disposição para lutar contra o que é conhecido como o modelo de educação da União dos Professores do Japão[13]. Ele foi a personificação do capitalismo e defendia a ideia de que um indivíduo que estuda com afinco será capaz de, mais tarde, ganhar dinheiro e realizar empreendimentos bem-sucedidos. Assim, ele ligou o estudo à capacidade de ganhar dinheiro.

Esse espírito de Sontoku Ninomiya é essencial para as escolas daqui para a frente. Se os professores mo-

---

11 Partido político fundado pelo autor em 2009 e que faz parte do grupo Happy Science. Desde sua criação, vem constantemente advogando o que o Japão e o mundo deveriam ser do ponto de vista político.

12 *Manifesto do Partido da Realização da Felicidade*. São Paulo: IRH Press do Brasil, 2014.

13 Influente sindicato de professores de escolas públicas do Japão. Defende uma ideologia de esquerda. Membros engajados são frequentemente criticados por sua educação baseada no antipatriotismo em uma visão masoquista da história japonesa.

tivam os alunos a estudar e os levam a assimilar uma mentalidade capaz de conduzir um empreendimento ao sucesso, estarão dando uma enorme contribuição. O investimento do dinheiro do imposto em escolas desse tipo será excelente.

Por outro lado, se o governo investe o dinheiro dos impostos em escolas cujos alunos são dedicados nas aulas, mas acabam se tornando pessoas pobres ou que inauguram empresas incapazes de pagar impostos ou que vão à falência, esse investimento não tem sentido. Será um grande peso formar em massa pessoas com essa mentalidade.

Se uma criança aprende que o aumento da renda ou do patrimônio é um mal, não há como se tornar um adulto próspero. Se ela aprende que ser dono de uma empresa, ser um grande empreendedor ou investidor é um mal, não há como vir a ser grande como eles.

Se o que ela ouve é: "Se você virar presidente de uma empresa, irá cair no Inferno", ela não conseguirá ser presidente. Não terá o que pedir, a não ser: "Por favor, deixe-me como um funcionário comum". Se um ensinamento diz que os funcionários comuns vão todos para o Céu e que o presidente e a diretoria vão todos para o Inferno, ninguém desejará ocupar cargos elevados.

Em vez de raciocinar desse modo, é preferível incentivar mais pessoas a servirem a sociedade. É preciso haver empresários capazes de contratar muitos funcionários, de pagar o salário deles e de lhes proporcionar uma razão de viver.

Se você conseguir criar uma empresa na qual muitos funcionários se sentem gratos ao final de sua carreira, pensando: "Que bom que pude trabalhar aqui. O serviço foi motivador e deu-me uma razão para viver. Fiquei muito feliz com o fato de que a empresa cresceu e contribuiu para o mundo. Tive uma vida plena", a promoção deles para cargos da diretoria ou da presidência será bem-vinda.

É para essa direção que a sociedade deve avançar. Para tanto, o espírito empreendedor deve ser cultivado desde cedo na escola. Não sou contra os subsídios que o governo japonês dá para a educação. Entretanto, se a educação de uma escola estiver voltada para uma direção errada, é possível que esses subsídios se tornem um completo desperdício. Nesse caso, eu gostaria que o governo mudasse sua mentalidade. Ele deve promover uma educação criativa e de alto valor agregado para formar profissionais brilhantes, capazes de realizar bons serviços, tornar o mundo mais prático e executar atividades que recebam a gratidão das pessoas. Assim, o imposto usado para esse fim será um investimento precioso. Contudo, se o dinheiro simplesmente desaparece e não gera nada, por mais que se invista, então será um gasto inútil.

Olhando como um todo para a educação atual do Japão, a situação não parece promissora. Por isso, embora a Happy Science seja uma instituição religiosa, estamos proporcionando o que se chama de "educação continuada para adultos". Oferecemos também educação para crianças, como o "Success Nº 1" – um cursinho preparatório sobre a Verdade Búdica voltado para o público estudantil do ensino fundamental ao ensino médio – e a Academia Happy Science – Escola Secundária de Primeiro e Segundo Grau.

Meu desejo é formar muitos indivíduos capazes de pensar em maneiras de aumentar o volume total de riqueza do país ou da riqueza do planeta para salvar aqueles que estão na miséria no mundo todo.

As frases inspiradoras de Napoleon Hill[14]

Você deve refletir profundamente sobre a existência da "Lei da Sintonia das Vibrações", que já mencionei antes, e se esforçar para manter um tipo de pensamento que irá repelir os espíritos da pobreza. Pense: "Tendo riqueza, posso comprar tempo e nutrir muitas pessoas. A riqueza usada para o bem é positiva".

---

14 Napoleon Hill (1883-1970) foi um escritor e pensador norte-americano que se tornou influente na área da autoajuda. Sua obra de estreia, *A Lei do Triunfo*, foi o primeiro tratado mundial sobre a formação de líderes, e até hoje é um dos livros mais estudados do mundo. (N. do E.)

Além disso, procure ter pensamentos alegres, positivos, construtivos e voltados para o futuro como parte da sua personalidade. Não fique gastando muito tempo ocupando a mente com coisas ruins. Não é bom remoer pensamentos negativos, assim como o boi rumina seus alimentos. Esse animal possui quatro estômagos. O mato das pastagens pode precisar passar por quatro estômagos para ser digerido por completo, mas nós, humanos, não temos e não devemos ter quatro "estômagos" para ficar ruminando lentamente todas aquelas experiências tristes ou de fracasso. Você deve simplesmente varrer todos esses pensamentos para fora da sua vida, fazê-los ir embora. Não fique relembrando sem parar os seus erros e preocupações, suas tristezas e pensamentos negativos, arrastando-os e ruminando-os por décadas.

Na Happy Science realizamos a "Prece para Expulsar o Espírito da Pobreza", cuja orientação espiritual é de Napoleon Hill. Uma de suas famosas frases enquanto ainda estava vivo dizia algo como: "Aquele que continua tentando, mesmo depois de três fracassos consecutivos, tem capacidade para ser líder. E aquele que continua tentando, mesmo depois de dez fracassos consecutivos, tem a natureza de um gênio". Essas palavras são realmente inspiradoras.

O que dizer dos inventores? Eles não devem desistir por fracassarem só dez vezes. Se um indivíduo desiste após três tentativas ou até na primeira, então provavelmente não conseguirá se tornar um inventor.

Com os empreendedores ocorre o mesmo. Creio que eles erram muito. Contudo, se você não passar por muitas tentativas e erros, não conseguirá ser um empreendedor.

É claro, se um fracasso o destruísse por completo a ponto de deixá-lo inerte, você estaria acabado. Mas lembre-se das palavras de Napoleon Hill: "Aquele que continua tentando, mesmo depois de três fracassos consecutivos, tem capacidade para ser líder. E aquele que continua tentando, mesmo depois de dez fracassos consecutivos, tem a natureza de um gênio".

Após ouvir essas palavras, o Partido da Realização da Felicidade não pode desistir de suas atividades. Somente com duas derrotas nas eleições nacionais, significa que ainda não temos capacidade para sermos governantes políticos. Se perdermos mais uma vez, finalmente começaremos a ter essa qualidade. E, após dez derrotas, surge a possibilidade de sermos gênios da política. Contudo, é difícil perder dez vezes.

Desde jovem eu pensava da mesma forma que essas palavras de Napoleon Hill; portanto, jamais tenho medo do fracasso. Quero viver considerando todos os fracassos como oportunidades de aprendizado e usá--las como um trampolim para que eu cresça ainda mais ou como ideias para me aperfeiçoar ainda mais.

Até agora acumulei muitos sucessos e tenho o "direito de errar um pouco". O mesmo se aplica aos seguidores da Happy Science. Talvez a economia esteja ruim, o trabalho não dê certo, os relacionamentos não estejam bem, mas você vai adquirir confiança para lidar com essas questões de um modo positivo se pensar consigo mesmo: "Se eu continuar tentando, mesmo depois de três fracassos consecutivos, terei capacidade para ser líder. E, se eu continuar tentando, mesmo depois de dez fracassos consecutivos, terei a natureza de um gênio".

Por favor, seja duro na queda. Desenvolva em si mesmo a força para se reerguer e vencer as adversidades. Isso é extremamente importante e muito necessário agora, nestes difíceis tempos de turbulência.

Capítulo Três

Mente próspera

1

Use a mente próspera para se livrar dos espíritos da pobreza

◈ ◈ ◈

Sua vida vai mudar quando você passar a perceber que seu "eu" espiritual constitui mais de 50% de você

Neste capítulo vou falar da "mente próspera".

Quando olho para o atual momento do Japão e dos outros países, sinto que o que precisamos agora é de um pensamento do tipo "mente próspera". Parece que, mais uma vez, está surgindo uma onda que ameaça afundar o mundo, inclusive o Japão, num estado de infelicidade, e tenho a forte sensação de que nossa única saída é "contra-atacar por meio de uma guerra ideológica". Em outras palavras, eu quero combater a ideologia do espírito da pobreza com a mente próspera.

As pessoas deste planeta menosprezam demais o poder da mente. Muitas creem que é somente "uma questão de sentimento" ou "uma questão de clima". No entanto, quem pensa dessa forma ainda é uma "pessoa mundana", que considera a si mesma como sendo 70%, 80% ou mais "um corpo físico que vive no mundo tridimensional ou material". Mesmo que tenha fé, é muito provável que essa pessoa considere que em si mesma apenas 10%, 20% ou 30% constituem sua "porção espiritual".

Quando você passar a perceber que seu "eu" espiritual constitui mais de 50% de você, sua vida vai mudar. Além disso, fenômenos diferentes dos que você já viveu começarão a ocorrer. Isso significa que sua visão do mundo se modificou.

A evolução da Happy Science tem superado minhas expectativas

Quando recapitulo os mais de 25 anos de existência da Happy Science, desde sua fundação, em 1986, vejo que tudo aquilo que imaginei dentro de mim, da forma como imaginei, se tornou realidade, e, em certo sentido, vivenciei a materialização de algo maior do que o que eu vislumbrava em minha consciência superficial.

O que ocorreu parece ter sido muito superior ao que eu pensava em minha consciência superficial, ou seja, aqueles julgamentos que fiz com base na educação que recebi ou na experiência que tive depois que nasci ou em meus conhecimentos e experiências adquiridos em meu trabalho. O que aconteceu superou de fato minhas expectativas.

Porém, não creio que foi uma simples coincidência. Digo isso porque essa visão mais abrangente de futuro já aparecia em minhas conferências desde a fase inicial. Eu poderia dizer que "apenas foi preciso um tempo até a ideia se concretizar".

Há cerca de 25 anos, logo depois de fundar a religião e ter me instalado em uma pequena sala de escritório de 11 m², se alguém me perguntasse: "Você acredita que sua organização crescerá a ponto de ter seguidores em mais de noventa países?"[15], creio que não saberia o que responder.

Naquela época, eu não tinha plena certeza se no futuro eu realizaria grandes pregações ou se criaria *shoshinkans* e templos locais em diferentes regiões. Eu também não poderia dizer com certeza absoluta que fundaria uma escola ou lançaria nosso próprio partido político e que realizaria trabalhos missionários mundo afora com sermões em inglês.

São coisas que foram claramente ditas por mim, mas que de certa forma não estavam plenamente conscientes dentro de minha cabeça.

Os seres humanos possuem mais força do que acreditam possuir

Eu sempre acho que as pessoas possuem uma força bem maior do que aquela que acreditam possuir. O que li-

---

[15] Até abril de 2025, a Happy Science já possuía membros em 180 países ao redor do mundo.

mita a força é algo que se poderia chamar de "mente do impossível", uma ideia ensinada pelas pessoas ao nosso redor enquanto vivemos neste mundo. Em outras palavras, nos ensinam e nos fazem acostumar com um tipo de "mentalidade limitadora" dizendo: "Você não vê que não adianta fazer isso?", "É impossível", ou "Há um limite para isso". Como consequência, esses ensinamentos são absorvidos e acumulados dentro de nós até criarmos um "eu pequeno".

Isso pode ser consequência da educação que você recebeu de seus pais ou dos ensinamentos dados por seus professores da escola. Também pode ser influência do que aprendemos com nossos amigos, colegas e chefes depois de entrarmos no mercado de trabalho. O Japão, particularmente, possui uma tradição de "bater em uma estaca que se sobressai das outras" e uma tendência a não poder pensar grande. Assim como sugere o termo "bolha"[16], há uma tendência a acreditar que pensar grande é algo anormal, presunçoso e inadequado para um indivíduo.

No entanto, todas as pessoas bem-sucedidas que vi até agora pensavam: "Como poderei me tornar alguém maior?" e acreditavam sinceramente que eram capazes disso. Creio que somente tais pessoas puderam

---

16 O termo "bolha" surgiu da crise financeira e imobiliária que abalou a economia japonesa em 1991, quando o preço das ações do setor imobiliário cresceu muito até entrar em colapso. (N. do T.)

materializar o sucesso. Mesmo eu, na presente encarnação, levei um tempo para me acostumar a esse pensamento espiritual devido à influência da educação que recebi, e precisei de um período de ganho de velocidade. Mas, no final, minha "consciência espiritual" foi vencendo. Ou seja, quando você começa a passar mais tempo vivendo espiritualmente do que de forma mundana, seu "eu" espiritual aos poucos passa a ser o seu "eu" verdadeiro.

Em março de 1987, por ocasião da minha primeira conferência realizada no Hall Ushigome, um auditório público situado em Tóquio, fiz uma pregação intitulada "Os Princípios da Felicidade". Era um dia de neve e umas quatrocentas pessoas estavam reunidas no salão, e nessa ocasião preguei os "Quatro Corretos Caminhos", que são: o amor, o conhecimento, a autorreflexão e o desenvolvimento.

Embora eu já tivesse escolhido o título da palestra – "Os Princípios da Felicidade" –, na verdade apenas assumi meu lugar no palco sem preparar nada sobre o que falaria. Desde então, por mais de 25 anos[17], continuo a fazer as pregações do mesmo modo, sem preparar o conteúdo com antecedência. No entanto, os pontos que apresentei nessa primeira conferência

---

17 Considerando-se o ano em que foi realizado o sermão que originou este capítulo.

viriam a se tornar as linhas mestras da Happy Science. É nesse sentido que digo: "Sou eu quem falo, mas não sou eu quem falo". Isso significa que grandes forças do mundo celestial querem que eu cumpra uma missão. Acredito que o mesmo tenha ocorrido diversas vezes no passado, em outras religiões, mas, no meu caso, fica claro que meu trabalho tem uma escala maior.

No passado, havia muitas dificuldades ao tentar fazer a propagação da Verdade: barreiras idiomáticas, nos meios de transporte e na transmissão da informação. Portanto, o trabalho missionário não conseguia ser muito abrangente, e os ensinamentos levavam "séculos" para se propagar. Em contrapartida, na atualidade vivemos em um mundo extremamente prático, e o processo de difusão ficou mais fácil. Eu acredito que chegamos ao momento em que podemos realizar uma grande obra.

Assimile a "força da fé" em seu verdadeiro sentido

Eu gostaria de acrescentar que as condições ainda me parecem um pouco insuficientes. É com relação ao grande número de pessoas que ainda não assimilou o que é a "força da fé" no seu verdadeiro sentido. Por exemplo, existem muitas pessoas que logo pensam que algo "é impossível" ou que limitam a si mesmas por motivos terrenos. Também são muitas as que se frustram e não conseguem se reerguer assim que surge alguma dificuldade ou quando enfrentam resistência.

Entretanto, até hoje venho pregando por diferentes ângulos ideias como "o modo de lutar sem ser afetado em nada pelas dificuldades e pelos sofrimentos e crescer ainda mais", principalmente o "pensamento vencedor", e venho colocando-as em prática.

A propósito, o número de livros que publiquei até o momento já passou de 800[18], mas, na década de 1980, lá nos sebos de Kanda[19], havia um burburinho de que "Esse autor lançará uns mil livros ao longo de toda a sua vida". Foi justamente quando eu estava começando a lançar semanalmente os livros de mensagens espirituais e me lembro de que em diversos locais comentavam a meu respeito:"Nesse ritmo, ele é capaz mesmo de lançar tudo isso".

Mais tarde, em 1991, nosso grupo foi registrado como organização religiosa e, depois de realizarmos uma grande conferência no Tokyo Dome[20], fomos "batizados" pela mídia, isto é, passamos a receber diversas "bênçãos em forma de crítica" dos diferentes

---

18 Até dezembro de 2011.
19 Kanda é um bairro de Tóquio onde dizem haver a maior concentração de sebos do mundo. (N do T.)
20 O Tokyo Dome é um estádio de beisebol com 55 mil lugares localizado em Tóquio. (N. do T.)

meios de comunicação. Os jornalistas da época que preparavam matérias sobre a nossa religião diziam que dava muito trabalho fazer isso, porque "Para criticar a Happy Science, é preciso ler 150 livros".

Lembro que alguém escreveu: "Enquanto leio os 150 livros amontoados na mesa para poder escrever a crítica, estou me arriscando a virar um seguidor, porque o conteúdo vai entrando sem parar na minha cabeça. Mas, felizmente, pude 'consumir' esses livros como se fossem um petisco, que dá para comer sem parar e, assim, consegui ler tudo".

No entanto, desde então comecei a lançar livros com um conteúdo mais difícil, além de emitir minha opinião em diferentes campos. De certa forma, isso significa que devo estar evoluindo.

Na época em que nos registramos como organização religiosa, ou seja, cinco anos depois da fundação da instituição, em 1986, a ideia de "ser verdadeiramente responsável pelo Japão inteiro" ainda não estava bem amadurecida em minha mente. Eu me sentia tão feliz por nosso grupo ter se tornado uma organização religiosa, que a vontade de espalhar a notícia pelo mundo era muito mais forte. Mas, agora, sinto-me realmente responsável pelo que o Japão e o mundo são.

Com esse sentimento de responsabilidade, passei a ter uma profunda vontade de levar o Japão e o mundo a uma direção melhor.

2

O mundo precisa dos ensinamentos da Happy Science

Muitos países não têm preconceito contra a religião

No verão do ano passado[21], construímos um grande templo local em Uganda, na África. Até esse momento, o número de seguidores no continente ultrapassou os 20 mil. Eu, pessoalmente, nunca fui até a África[22], mas a propagação da Verdade tem avançado muito. O número de seguidores na Índia ultrapassou 100 mil, e ele vem aumentando rapidamente rumo à marca de 1 milhão de seguidores.

Isso significa que, no exterior, os ensinamentos da nossa religião estão se propagando de forma vigorosa, seguindo um movimento um pouco diferente do Japão. Quem começou o trabalho missionário

---

21 Aqui o autor refere-se ao período entre junho e setembro de 2011, por se tratar do hemisfério norte. (N. do T.)
22 Alguns meses depois do sermão que deu origem a este capítulo, em junho de 2012, ele fez uma viagem missionária a Uganda. (N. do T.)

em Uganda foi um diplomata japonês e sua esposa. A mulher foi particularmente mais empenhada na difusão e, distribuindo textos em inglês, converteu cerca de cem pessoas. Lembro-me de ter visto isso num vídeo de propaganda interna da nossa religião apresentando o trabalho.

Quando o número de seguidores chegou a umas cem ou duzentas pessoas, a enérgica atividade missionária parece ter sido repreendida, e o diplomata e sua esposa foram transferidos para outro país, mas o "DNA" do trabalho missionário criou raízes e agora temos dezenas de milhares de seguidores lá.

Além disso, na Malásia, onde fiz uma viagem missionária em setembro de 2011, os seguidores locais se esforçaram por dez anos para construir um templo local por conta própria. Foram admiráveis. Os seguidores do Brasil também construíram um templo *shoshinkan* com esforços próprios. São exemplos de seguidores que construíram as próprias instalações, mesmo sem que eu tenha ido ao local realizar o trabalho missionário. E, por fim, movimentos semelhantes começaram a se espalhar pelo Japão.

Talvez nossa religião tenha demorado um pouco para crescer porque somos bastante cautelosos e ainda não dominamos os métodos terrenos de desenvolvimento. No entanto, depois que começamos a fazer o trabalho missionário no exterior, estou cada vez mais convencido de que "estes ensinamentos são realmente universais. São ensinamentos que têm eco no mundo inteiro".

Minhas palavras são compreendidas, mesmo entre pessoas de ideologias, crenças, religiões e etnias diferentes. É uma sensação indescritível. Elas podem ser católicas, protestantes, muçulmanas ou budistas, mas todas compreendem.

Senti isso de maneira muito clara durante minha "Missão na Ásia" (uma turnê missionária na região asiática) de 2011. Primeiro, visitamos a Índia e o Nepal (final de fevereiro a começo de março), locais conhecidos como as terras em que Buda Shakyamuni nasceu e pregou. Em seguida, passamos pelas Filipinas, que é um país católico, e Hong Kong (em maio), que, apesar de o budismo e o taoismo terem entrado lá, tem forte tendência a ser ateísta. Além disso, fomos à sintética nação de Cingapura, sem religião específica, e à Malásia, muçulmana (em setembro); por último, fomos ao Sri Lanka (em novembro), um país que segue o budismo teravada.

Em cada uma dessas terras, minhas palavras ressoaram diretamente no coração dos ouvintes. Num certo sentido, senti que a transmissão era até mais direta do que no Japão. Penso que o motivo seja a falta de preconceito em relação à religião. As pessoas desses países não são iguais aos japoneses, que "antes de tudo, desconfiam e colocam um escudo entre eles e qualquer religião". Lá fora, as pessoas acreditam que a "religião é algo bom". Por isso, prestam atenção aos ensinamentos da Happy Science para tentar saber "que tipo de religião ela é".

Desde a fundação da religião, sempre preguei que "os ensinamentos da Happy Science estão ligados a todas as religiões mundiais e não as negam". Essa ideia está sendo demonstrada na prática, depois de 25 anos.

Acredito que nossa religião crescerá muito mais fora do que dentro do Japão.

Abandone a "mentalidade tacanha" e expanda mais sua mente

Atualmente, nossa religião está numa fase em que precisamos expandir ainda mais nossos ensinamentos pelo mundo afora, e creio que devemos fazer inovações também dentro do Japão. O povo japonês em particular possui uma atitude étnica insular que demonstra uma mentalidade tacanha, uma tendência a achar que "nós não somos grande coisa". Assim, o posicionamento também reflete esse pensamento e é feito de forma extremamente comedida.

No entanto, o Japão é visto com admiração pelos países da Ásia, da África e da América do Sul. "O que o Japão fará? O que o Japão pensa sobre isso?"

É assim que eles ficam nos observando atentamente. Por exemplo, em uma conferência realizada na Malásia, recebemos até uma pessoa do Irã que gastou o equivalente a dois meses de salário na viagem de avião. Os salários e os preços praticados no Irã são diferentes do Japão, e essa pessoa foi de lá até a Malásia, tendo de gastar dois meses de salário só para escutar minha pregação. Os ensinamentos da Happy Science estão se propagando por todo o mundo por meio de fatos como esses.

Também dizem que, no Nepal, um entre dois nepaleses conhece o nome "Ryuho Okawa", embora eu só tenha ido ao Nepal uma vez na vida. Naquela ocasião, peguei um avião em Nova Délhi, na Índia, fiz a pregação e voltei ao Japão logo em seguida, então não passei nem uma noite por lá. No entanto, minha pregação foi transmitida ao vivo em todo o país pelas redes de tevê públicas e privadas, além de ser destaque em outras mídias; portanto, foi um evento muito prestigiado.

Em Cingapura, ônibus circulavam pela cidade com uma grande foto minha estampada na lateral. Em Tóquio, as regulamentações são severas e não é permitido fazer um ônibus desses percorrer a cidade.

O mundo está em franco movimento. Eu sinto que os ensinamentos da Happy Science são mais necessários do que nós podemos imaginar. Isso é verdade em Uganda, por exemplo, um país africano que sofre com uma história de cerca de vinte anos de guerra civil. Curiosamente, até mesmo no Irã me disseram: "O Irã atual precisa justamente dos seus ensinamentos". O mesmo ocorre na Malásia e no Brasil.

E, daqui em diante, os ensinamentos serão importantes até em nações desenvolvidas como os Estados Unidos e países da Europa.

3

O Japão está prestes a se tornar a "referência do mundo"

◈ ◈ ◈

A missão do Japão é propor um novo modelo

Eu entendo muito bem os motivos que fazem a Europa e os Estados Unidos sofrerem atualmente. Os Estados Unidos, principalmente, estão sofrendo por não conseguirem ser iguais ao Japão. Ou seja, estão tentando fazer uma "japonização", mas não estão tendo sucesso. Claro que não. Sua base cultural é totalmente diferente, portanto, o país não conseguirá fazer as mesmas coisas que o Japão faz. Até nas marchas de protesto em Wall Street[23], por exemplo, as pessoas esforçam-se em falar de "desigualdade" da forma como falamos no Japão, mas os participantes ainda não entenderam completamente que isso não é suficiente para resolver o problema.

---

23 O OWS (sigla em inglês de Occupy Wall Street, cuja tradução livre é "Ocupe Wall Street") é um movimento de protesto que teve início em 2011, contra a desigualdade econômica e social, a ganância, a corrupção e a influência indevida das empresas. (N. do T.)

No final das contas, o que se exige do Japão não é copiar um modelo de outro país. Nesse ponto, não há praticamente mais nada que o Japão possa imitar de outros países. Claro, existem coisas que são mais avançadas em outros países. O desenvolvimento espacial é um exemplo. Provavelmente há três ou quatro países que são mais avançados que o Japão nesse campo. Também pode haver um ou dois países mais avançados que o Japão em termos de tecnologia militar. Mas posso afirmar com veemência que, em outros aspectos, não existem países que possam servir de modelo para o Japão.

Por outro lado, muitas nações estão se esforçando para alcançar e ultrapassar o Japão. Estamos em um momento em que devemos propor um "novo modelo" para a próxima geração. É preciso ficar consciente disso. No passado, a imitação era suficiente; no entanto, hoje não adianta imitar algo que já existe lá fora. O Japão deve apresentar um "novo modelo" sem se intimidar.

Cerca de trinta anos atrás, quando eu trabalhava nos Estados Unidos, as pessoas costumavam dizer que "o que ocorre nos Estados Unidos vai acontecer no Japão daqui a dez anos". Desse modo, havia a convicção de que "basta estudar nos Estados Unidos para ser bem-sucedido no Japão" ou "se eu me preparar com antecedência aprendendo o que ocorreu na sociedade americana, terei sucesso". E, de fato, esse era o pensamento em diversas áreas, como no mercado de eletrodomésticos, e acredito que também no setor automobilístico.

No entanto, os tempos mudaram. O Japão precisa ser o novo modelo.

Hoje, a União Europeia (UE), que reúne vários países europeus, está tendo dificuldades em manter esse bloco econômico, e alguns países integrantes – como a Grécia – podem levar todo o bloco à bancarrota. A Alemanha tenta impedir que isso ocorra, mas não está sendo fácil.

Por outro lado, a economia japonesa é muito maior que a dos países líderes da UE, como a Alemanha e a França, ou até mesmo o Reino Unido. Apesar desse tamanho todo, o povo japonês ainda não está consciente do poder que possui.

Alguns analistas argumentam que a "China já ultrapassou o PIB do Japão", mas isso significa que ela é "um país que possui uma população dez vezes maior que está finalmente se equiparando ao Japão. Em outras palavras: agora é preciso que só dez chineses trabalhem para ganhar o que um japonês recebe".

Portanto, ainda existe muita diferença entre o Japão e a China. Essa "diferença de um décimo para cada pessoa da população" é muito grande. Provavelmente os japoneses não pensam que estão fazendo um trabalho impressionante. Devem acreditar que só estão levando uma vida normal. Mas, apesar disso, ganham dez vezes mais que a média chinesa.

Chegou o momento em que o Japão precisa se tornar uma referência para o mundo.

Na Happy Science é possível enxergar o futuro

Onde esse novo modelo pode ser encontrado? Observando o Japão de um modo objetivo, acredito firmemente que o futuro está na Happy Science. Posso falar com toda a confiança que "Por meio da Happy Science é possível enxergar o futuro do Japão. E, ao mesmo tempo, o futuro do mundo". Eu entendo muito bem por que as pessoas do resto do mundo querem "estudar os ensinamentos da Happy Science". Meus livros vendem bem, até mesmo na China, porque você pode ver o futuro lendo os meus livros, além de saber o que deve ser feito. É por isso que meus livros são tratados como tesouros na China.

Quem estuda os ensinamentos da Happy Science está, na verdade, olhando para o futuro. Está vendo a tentativa de construir a "sociedade ideal do futuro". Meu objetivo é fazer o que for preciso para "tornar o país uma nação religiosa que sirva de modelo para o mundo".

O despertar e a autoconsciência espiritual é que estimulam a prosperidade do mundo terreno

Estou sendo repetitivo, mas para que haja fé não se pode ignorar "o que é espiritual". Naturalmente, vão ocorrer muitos fenômenos que podemos perceber que são a "prosperidade do mundo terreno". Se na prática não houvesse fenômenos perceptíveis, as pessoas deste mundo não compreenderiam a importância da religião. Mas, na base de tudo isso existe um componente espiritual. Em outras palavras, estou tentando criar a mentalidade de que "o despertar e a autoconsciência espiritual é que estimulam a prosperidade do mundo terreno".

O Sri Lanka, por exemplo, é um país que segue o budismo teravada, mas esse ramo imita o budismo primitivo, e tem sido assim até hoje. Isso fez com que as condições de extrema pobreza perdurassem e até mesmo que a guerra civil demorasse a acabar, porque o conceito de desenvolvimento é ausente nos ensinamentos do budismo teravada.

Para preencher essa lacuna, preguei sobre os Princípios da Felicidade incluindo neles o ensinamento do desenvolvimento. Os Quatro Corretos Caminhos são: Amor, Conhecimento, Reflexão e Desenvolvimento. Sem esse conceito, não é possível ser uma religião do futuro. Em relação aos países que seguem o budismo teravada, creio que precisamos convencê-los a mudar sua forma de pensamento com uma postura bem severa.

As antigas religiões não incluíram os princípios econômicos apenas porque esses princípios não haviam sido suficientemente desenvolvidos na época em que foram criadas. Portanto, 2 mil anos depois, na era contemporânea, é preciso pregar novos princípios. Isso é o que eu gostaria de destacar.

4

Expanda um pouco mais seu modo de pensar

◇ ◇ ◇

A prosperidade se origina em cada indivíduo. Pessoalmente, eu gostaria que você expandisse um pouco mais seu modo de pensar. Como indivíduo, você precisa crescer pelo menos dando mais um passo. O que quero dizer é que, ao fazer isso, ocorrerão mudanças não somente em seu modo de pensar como indivíduo, mas em todos os outros aspectos, como na sua vida cotidiana, no conteúdo de sua leitura, no seu modo de trabalhar e em seus relacionamentos pessoais, inclusive nas relações de trabalho. Lembre-se: "à medida que você crescer, inevitavelmente muita coisa a sua volta também mudará".

Às vezes, essa mudança pode vir acompanhada de uma espécie de dor ou tristeza. Por exemplo, se você trabalha em uma empresa e passa a ser muito bom em sua função, talvez comece a achar difícil ficar mais tempo nessa empresa. É inevitável. É natural acontecer, mas será que você aguentaria permanecer na mesma situação?

Claro, existe a possibilidade de a companhia lhe fornecer um trabalho condizente com sua capacidade ou colocá-lo em uma nova função. Mas também pode ser que você simplesmente não consiga mais permanecer ali. Nesse caso, talvez você mude de empresa ou monte seu próprio negócio.

Quando isso ocorre, evidentemente seu círculo de relacionamentos também muda. E, dependendo do quanto "você conseguir se conscientizar de que é alguém vital", ou seja, pela transformação da opinião e da importância que sente sobre si mesmo, isso fará com que a paisagem que você enxerga ao redor se transforme sem parar. Isso também é inevitável.

Os livros que você escolhe para ler mudam. Suas ideologias mudam. Sua atitude muda. O conteúdo de suas palavras muda. Além disso, o modo como o mundo trata você muda e seus ganhos também mudam. Ou seja, quando sua mente e seu interior se transformam, você obtém um salário e uma posição correspondentes a essas mudanças. O mundo é muito bem feito, e proporciona o que é mais adequado para cada pessoa.

Como preparação para isso, é bom não ter muito apego ao que você estava acostumado até agora. Diante das mudanças, é preciso aceitá-las "do jeito que são" e que é preciso "ir mudando para se adequar".

Isso também se aplica a mim. Recentemente, passei a usar de vez em quando um anel durante minhas pregações. Eu tinha vergonha de usá-lo dez anos atrás e não conseguia, mas agora consigo. Sou dotado de uma "mente próspera", então posso fazer isso agora sem nenhum problema. Portanto, meu modo de pensar também está mudando.

5

Criar a sociedade do futuro superando as crises

◈ ◈ ◈

O Japão precisa lançar a próxima forma de pensar adequada à força da nação

Já faz algum tempo que o Japão tem sido regido por um governo possuído por espíritos da pobreza. Se a situação se mantiver como está agora, o país entrará em declínio contínuo. Então, creio que precisamos lançar uma forma de pensar oposta. O Japão possui chances muito maiores.

A verdade é que hoje todos os países estão passando por uma má fase. A Europa, os Estados Unidos e os outros países não estão bem; até mesmo a China está à beira de uma bolha prestes a estourar e na iminência de afundar.

Se o Japão conseguir aguentar a crise, superar as consequências do desastre sísmico[24] e dar um salto

---

24 Refere-se ao Grande Terremoto do Leste do Japão ocorrido em 11 de março de 2011.

em direção a um nível superior, poderá se tornar uma verdadeira liderança mundial.

Estamos diante da oportunidade, e não é hora para ficarmos retraídos. É a chance de mostrarmos que "mesmo sendo vítima de grandes desastres naturais, este país possui força para superar qualquer dificuldade". O mesmo pode ser dito em relação à questão das usinas nucleares. É uma chance para mostrar como é que se supera uma crise para construir uma sociedade do futuro.

O Japão passará a ser referência, e o que os outros países fizeram terá pouca importância. É preciso dar o exemplo do que o Japão fará. Voltar ao passado não adianta. Devemos avançar. Para ser referência precisamos ter coragem, e isso vem acompanhado de dor. Mas, se não pudermos suportar, não adiantará nada.

Certa vez, o editorial de um grande jornal japonês escreveu: "A manifestação de Wall Street, em Nova York, denuncia que 1% das pessoas ganha muito dinheiro enquanto os 99% restantes estão pobres e sofrendo. É preciso dar atenção às vozes dos 99%". Isso é puro marxismo. Enquanto lia o artigo, pensei: "Será que li um editorial de algumas décadas atrás?". Se esse é o tipo de jornalismo de mentalidade antiquada que apoia e sustenta o atual governo, é claro que o país fica mais pobre. É preciso romper com esse tipo de pensamento de algum modo.

O Japão precisa lançar a "próxima forma de pensar" adequada à força da nação. Isso significa que "chegou a hora em que o Japão precisa exercer sua liderança e conduzir o mundo demonstrando uma força maior". Não é hora de ficar no isolacionismo. Há um desejo de que o Japão se torne uma liderança mundial. É preciso ter consciência disso.

Mesmo com relação à rivalidade entre Irã e Israel no Oriente Médio, a atitude dos Estados Unidos diante da questão é inconstante e deixa os países árabes sem saber o que fazer[25]. Eles possuem um forte desejo de que o Japão interfira e ajude a resolver a questão. Ou seja, acreditam que o único país com o qual eles podem contar para ser o intermediário dos Estados Unidos é o Japão.

Se continuarmos no estado atual, vai começar uma guerra; portanto, é preciso que o Japão convença os Estados Unidos a mediar a relação entre Israel e os países árabes. Na realidade, a situação pode mudar drasticamente de acordo com a decisão do presidente norte-americano, mas estamos em uma situação em que não sabemos no que pode dar. Assim, eles querem que o Japão dê sua opinião sobre o que deve ser feito. Este é o momento em que nos encontra-

---

[25] Na época, Obama era o presidente norte-americano, cuja política mundial era recolher suas tropas e fazer o país deixar de ser a polícia do mundo. (N. do T.)

mos, mas o Japão é um país triste por não poder se manifestar nesse sentido.

O primeiro-ministro japonês foi aos Estados Unidos em 2011 para conversar com o presidente, mas recebeu um "sayonara" depois de aproximadamente 30 minutos e só conseguiu trocar cumprimentos. O governo norte-americano deve ter pensado: "Já é o terceiro governante desde que o Partido Democrático do Japão[26] assumiu o poder. Ele não deve ter nada a oferecer e provavelmente o país mudará logo de primeiro-ministro".

Ter um primeiro-ministro sem credibilidade fora do Japão é algo que causa muita tristeza. É preciso escolher alguém com um pouco mais de convicção e conteúdo. Seria bom ter um primeiro-ministro que pelo menos desejasse ser dessa forma e que tivesse a grandiosidade de ouvir conselhos de outras pessoas.

Quando você pensa de forma criativa, as ideias não param de surgir

Um dos grandes pontos de debate no Japão atual é a questão do aumento dos impostos. Entendo que

---

26 O Partido Democrático era o partido de oposição ao governo, fundado em 1998. Ele se tornou o partido de situação no período entre 2009 e 2012, quando empossou três primeiros-ministros: Hatoyama, Kan e Noda. O partido se desfez quatro anos mais tarde, em 2016. (N. do T.)

o déficit financeiro é alto e que o governo queira muito aumentar os impostos. Mas, se for assim, eu gostaria de saber: depois do Grande Sismo de Kanto[27] eles teriam coragem de aumentar os impostos? Alguém teria coragem de dizer: "As pessoas da região de Kanto estão sofrendo, mas aumentaremos os impostos de toda a população para tapar esse buraco"? Duvido muito. Ninguém consegue aumentar os impostos quando a população está sofrendo.

Outro exemplo que podemos citar refere-se ao período quando o Japão foi derrotado na Segunda Guerra Mundial. Seria possível alguém propor um imposto de reconstrução do país no pós-guerra? É impossível. Não se consegue aumentar os impostos em um momento em que a população se esforça para reconstruir a nação de dentro dos quartéis.

O mesmo está ocorrendo agora. O governo parece estar usando o desastre sísmico como desculpa ao propor um aumento dos impostos para a reconstrução depois do terremoto. Se o governo insistir nessa ideia errada, o Japão estará em apuros. Nosso antigo primeiro-ministro Naoto Kan[28], leigo em economia e

---

27 O Grande Sismo de Kanto foi um terremoto de magnitude 7.9 na escala Richter que atingiu a região de Kanto, em 1º de setembro de 1923, deixando 1,9 milhão de pessoas desabrigadas e mais de 105 mil mortos. (N. do T.)
28 Naoto Kan (1946-) foi o segundo primeiro-ministro durante a administração do Partido Democrático do Japão. Ocupou o cargo de junho de 2010 a setembro de 2011. (N. do T.)

que causou um grande furor depois de afirmar que "o Japão ficará igual à Grécia", disse que, na ocasião em que ocorreu o incidente da usina nuclear de Fukushima, ele passava os dias imaginando que Tóquio e toda a região metropolitana seriam destruídas.

Para essa pessoa lancei o livro *O que diria Kukai*[29] *ao ver o Partido Democrático do Japão? – Uma lei que proíbe Kan de fazer uma peregrinação por Shikoku*[30], no qual constava a frase: "Não faça a peregrinação por Shikoku"; mas, depois de deixar o cargo de primeiro-ministro, ele parece ter recomeçado a peregrinação a partir do 54º posto que fica no templo Enmei. Kukai se sentia extremamente incomodado e chegou até a dizer: "Eu, Kukai, proíbo a peregrinação por Shikoku", mas parece que Naoto Kan foi fazer a jornada sem dar ouvidos à recomendação.

Enquanto ocupava o cargo de primeiro-ministro, ele passava um dia após o outro preocupado com a aniquilação da capital. Mas a situação do Japão nunca iria melhorar se o líder só ficasse pensando nisso.

---

29 Kukai (774-835) foi um monge budista fundador da escola Shingon ou "palavra verdadeira" do budismo. (N. do T.)

30 *Moshi Kukai ga Minshuto Seiken wo Mitara Nanto Iuka – Kan-san ni Shikoku Junrei wo Kinzuru Ho* ("O que Diria Kukai ao Ver o Partido Democrático do Japão? – Uma lei que proíbe Kan de fazer uma peregrinação por Shikoku"), (Tokyo: The Happyness Realization Party, 2011). Essa peregrinação é uma jornada que os fiéis fazem pelos 88 templos budistas que possuem relação com Kukai. (N. do T.)

Por outro lado, eu mesmo nem me abalei quando ocorreu o acidente na usina nuclear. É impossível que a capital seja destruída. Isso nunca ocorrerá porque minhas atividades estão centralizadas em Tóquio. Pensei: "A Happy Science precisa ser a líder do mundo e salvar toda a humanidade. Jamais permitirei que a capital seja destruída", e nem me mexi.

Logo após o terremoto, havia um grupo de estudantes da Academia Happy Science (localizada na cidade de Nasu, Província de Tochigi) que estava hospedado no *shoshinkan* de Tóquio, um dos principais templos da Happy Science. Dentre eles, os alunos do primeiro ano do ensino médio tinham data marcada para ir a Boston e Nova York no final de março para fazerem um curso de idiomas, mas ficaram preocupados com a influência do acidente com a usina nuclear de Fukushima e anteciparam seus planos de vinda a Tóquio.

Eu aproveitei a ocasião e pensei: "Já que estão aqui, não os deixarei escapar", e realizei um treinamento concentrado de inglês. Disse a eles: "Esta é uma boa oportunidade; portanto, faremos um treino intensivo de conversação em inglês", e forcei a capacidade deles. Por fim, me despedi dizendo: "Não adianta vocês se preocuparem com o Japão. Não poderão ajudar em nada ficando aqui. Viajem para os Estados Unidos como haviam programado. É preciso estudar inglês em nome do futuro".

Eu acredito que minha decisão foi acertada. Não me abalei e não me preocupei nem um pouco. A verdade é que pensar de forma negativa não adianta nada. Quando pensamos de forma criativa, as ideias não param de surgir. Saiba que "sempre é possível refazer as coisas desde os fundamentos".

Vamos deixar uma herança para o futuro por meio de grandes obras

Em essência, penso que o setor privado deveria assumir a iniciativa da reconstrução após o desastre sísmico. Nessas horas, em vez de emitir títulos públicos para cobrir o déficit, o governo deveria emitir títulos de construção de uns sessenta anos ou algo parecido para construir todos os tipos de obras arquitetônicas que não foram possíveis até agora.

Hoje, se você visitar outros países asiáticos poderá ver que suas áreas metropolitanas estão magníficas, e em vários aspectos são até mais bonitas do que Tóquio. Isso é embaraçoso para o Japão. Como o iene está valorizado agora, recomendo aos japoneses que façam uma viagem ao exterior. De vez em quando é bom. E, desse modo, saberão como Tóquio está decadente.

Ou seja, o Japão ainda tem muita coisa a fazer. As Torres Petronas da Malásia são mais magníficas do que o Roppongi Hills[31]. O povo japonês não deve ficar satisfeito somente com um edifício como o Roppongi Hills. É preciso construir algo maior. Aliás, uma das torres gêmeas do Petronas Twin Towers foi construída por uma empresa japonesa e a outra por uma empresa sul-coreana. É constrangedor poder construir algo tão formidável fora do Japão, mas não no próprio país.

A estação de Shinagawa, em Tóquio, ainda só tem dois andares. Isso é praticamente uma piada. Em Kyoto e em Nagoya, há hotéis arranha-céus construídos sobre as estações de trem, mas lá na estação de Shinagawa, um patrimônio daquela importância é desperdiçado sem o uso adequado. É lastimável. Gostaria de dizer aos responsáveis: "Façam o que deve ser feito".

O Japão é um país com muito crédito e pode transformar tudo isso em dinheiro o quanto quiser. O Japão ainda aguenta investir muito mais. Quem está endividado é o governo; o povo possui o crédito; portanto, não há nenhum problema. É um grande erro deixar a conta para ser paga no futuro. Para deixarmos riquezas para o futuro, um legado para os nossos descendentes, devemos realizar grandes obras agora. Precisamos nos conscientizar de que agora é possível fazer grandes obras e este é o momento para fazê-las.

---

31 O Roppongi Hills é um dos maiores e mais populares complexos comerciais de Tóquio. Construído em 2003, o edifício possui 238 m de altura e fica no bairro de Roppongi. (N. do T.)

Enquanto a Happy Science existir, o Japão só irá prosperar

Mesmo que ocorra um abalo sísmico, isso não deve nos amedrontar. Este é o momento para que o Japão teste sua força. Um terremoto de magnitude 9.0 não levará o país à destruição. Ao contrário, o povo japonês deveria usar essa catástrofe como mola propulsora e pensar em desenvolver a região de Tohoku, no nordeste, que já estava atrasada anteriormente. E se, daqui em diante, outras regiões forem atingidas por um abalo sísmico, devemos garantir que teremos força para reconstruí-las de imediato.

Veja a cidade de Kobe. Quando foi atingida por um terremoto, em 1995, diziam que seria o seu fim; no entanto, hoje a cidade goza de grande prosperidade. Essa é a força do Japão. Eu acredito nessa força.

A Happy Science é uma religião cujos ensinamentos servirão de eixo central para sustentar uma prosperidade dessa magnitude. Enquanto a Happy Science prosperar, se desenvolver e se propagar, o Japão só irá progredir. Os japoneses precisam reconhecer veementemente que têm a obrigação de ser líderes do mundo. Essa é a minha resolução após mais de 25 anos desde a fundação de nossa organização.

Capítulo Quatro

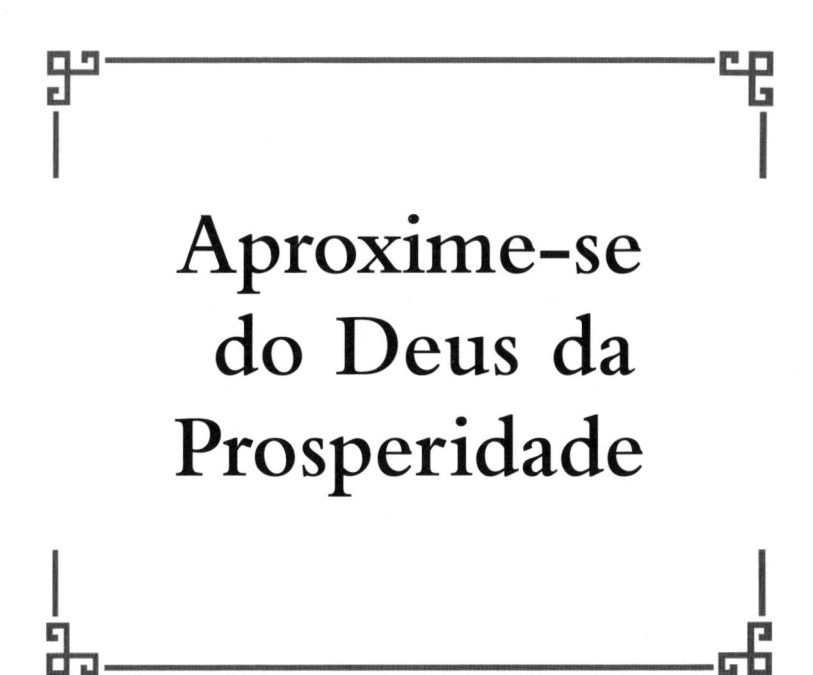

Aproxime-se do Deus da Prosperidade

1

O impacto que Hiroshima teve no Japão

◆ ◆ ◆

Minha viagem missionária aos nossos templos teve início em Hiroshima

Iniciei uma viagem missionária aos templos locais da Happy Science espalhados pelo país em 26 de junho de 2007, e o memorável passo inicial foi dado em Hiroshima. Graças a isso, sinto uma forte emoção quando penso nessa cidade.

No começo, havia opiniões divergentes nos bastidores de nossa organização; muitos se opunham à ida do grande líder até os templos locais. No entanto, embora essa tarefa tenha me deixado sobrecarregado, fiz a viagem missionária às filiais por mais de quatro anos até outubro de 2011.

Durante esse período, realizei mais de seiscentos sermões, incluindo as pregações feitas fora dos templos da Happy Science. Também escrevi mais algumas centenas de livros para acrescentar à minha coleção, e o número de peregrinações no exterior também aumentou. Fora do Japão, os espaços para realizar os sermões estão ficando cada vez maiores. Houve ocasião em que ergueram tendas em um campo enorme ao redor do púlpito para fazer a pregação ao ar livre. Nos últimos tempos estamos tendo dificuldade em achar locais capazes de comportar todo o público.

Como resultado, sinto que em quatro anos consegui fazer tudo o que precisava ser feito como grupo religioso. E tudo começou pelo primeiro passo dado em Hiroshima.

Os pecados originais que nasceram em Hiroshima: alergia à energia nuclear e o sistema de educação *yutori*[32]

Em minha opinião, existem duas coisas que tiveram origem em Hiroshima e causaram um enorme impacto no Japão.

Uma delas é a alergia japonesa à energia nuclear, que começou após Hiroshima ter sido vítima de uma bomba atômica.

---

32 O sistema de educação *yutori* (que significa "frouxo", em japonês) foi uma política de ensino que reduziu o conteúdo didático e a carga horária nas escolas japonesas. O movimento começou na década de 1980 e se intensificou na década de 2000. Porém, depois que o Japão caiu várias posições no ranking do Programa Internacional de Avaliação de Estudantes (PISA), o sistema recebeu duras críticas e foi reformulado em 2008. (N. do T.)

• Aproxime-se do Deus da Prosperidade •

Um exemplo disso é a síndrome das usinas nucleares, que começou com os reatores da usina nuclear de Fukushima sendo danificados pelo terremoto de 11 de março de 2011, em Tohoku, e o tsunami em sequência. A origem dela está justamente na consciência de os japoneses terem sofrido esse tipo de ataque, um trauma antigo que influencia o presente. Essa é uma das coisas de Hiroshima que teve um forte impacto no país como um todo.

A outra coisa é o chamado sistema de educação *yutori* ou "sem pressão". Posso afirmar que esse sistema teve origem em Hiroshima na década de 1990. Eu nasci na região de Shikoku, mas muitos diretores de escola da província de Tokushima e arredores eram formados pela Universidade de Hiroshima. Originalmente, Hiroshima era uma província muito empenhada na educação.

Porém, na primeira metade da década de 1990, um gerente de seção do então Ministério da Educação, Ciência e Cultura (atual Ministério da Educação, Cultura, Esporte, Ciência e Tecnologia do Japão) foi enviado à província de Hiroshima e se tornou o presidente da Comissão de Educação local. Ele introduziu o sistema de educação *yutori*, que logo se espalhou por todo o país. Como resultado o Japão perdeu muito de sua competitividade internacional, causando uma estagnação de mais de uma década.

Até então, o Japão mantinha um dos mais altos padrões de educação do mundo, mas, desde a adoção desse sistema educacional, ele foi perdendo posições em todas as matérias. As pessoas que apoiaram esse sistema não devem ter imaginado que, quando a geração que recebeu a educação *yutori* entrasse no mercado de trabalho, reduziria o grau de competitividade da empresa.

Elas só pensavam em resolver os problemas que as escolas enfrentavam nas salas de aula e não compreendiam que elevar a efetividade e o nível educacional levaria ao aumento do nível das empresas japonesas e, consequentemente, iria manter a competitividade internacional do país. Creio que o pensamento dominante era: "Se as salas de aula estiverem em paz, então está tudo bem".

Acredito que Hiroshima influenciou fortemente o Japão nesses dois aspectos. Claro, a cidade foi vítima da bomba atômica. Não foram eles que construíram a bomba nem destruíram a cidade, e não podem ser responsabilizados pelo ocorrido. Porém, o modo como eles avaliam o ataque é uma escolha deles. Mas, se essa forma de pensar tende muito para um aspecto retrógrado e contra a civilização moderna e contribui para o fortalecimento da esquerda, isso é prejudicial.

De certo modo, se o que os habitantes de Hiroshima querem é algo parecido com uma vontade de propagar a devastação atômica por todo o país, ou seja, se ainda sentem rancor por terem sido vítimas da bomba atômica e desejam que todos sofram a mesma dor, então temos um problema.

E na questão educacional, com relação à generalização do *bullying* e a desintegração das salas de aula[33], ter tomado medidas concluindo que "isso ocorreu porque os estudos são difíceis e que, se reduzirmos o nível do conteúdo ministrado e fizermos com que todos tirem nota 10, tudo estará solucionado" foi uma forma muito ingênua de abordar o problema.

Como resultado, cresceu o número de crianças que precisam da ajuda de cursinhos para aprender, e mesmo os cursinhos começaram a apresentar uma queda no desempenho porque a base que os alunos adquirem na escola está mais fraca. No final, embora a energia investida tenha crescido, o fardo das crianças tenha aumentado e sobrecarregado as despesas familiares, a competitividade internacional do Japão caiu.

Os idealizadores do sistema *yutori* se esqueceram de que foi a educação que trouxe desenvolvimento ao Japão depois da guerra. Jamais devemos nos esquecer desse ponto. Além disso, dentro da corrente de mo-

---

[33] A desintegração das salas de aula (*Gakkyu Hokai*) é uma expressão popularizada pela mídia japonesa que se refere aos casos em que as condições para ministrar as aulas em determinadas classes se deterioram, por insubordinação ou por outro motivo, a ponto de exigir medidas e intervenções extraordinárias de pacificação. (N. do T.)

dernização do Japão desde a Restauração Meiji[34], a força motriz do movimento foi o grande empenho que as pessoas demonstraram em estudar em cursos particulares ainda antes do final do xogunato. Foi graças à existência dessa tradição que o Japão evitou seguir o mesmo rumo dos outros países asiáticos. Isso também não deveria ser esquecido.

Esses dois fatores podem ser chamados de "pecados originais oriundos de Hiroshima" que os japoneses possuem. E, se for isso mesmo, então é preciso consertar esses problemas começando em Hiroshima.

Ao contrário das grandes potências ocidentais, o Japão ajudou a desenvolver os países que dominou

Muitos japoneses sentem-se culpados e arrependidos pelos atos cometidos pelo Japão durante a Segunda Guerra Mundial e, até certo ponto, eles têm motivos para se sentir desse modo. No entanto, em tudo existem dois lados, o bom e o ruim, o do mérito e do demérito; um país não é necessariamente correto só porque venceu a guerra.

---

[34] A Restauração Meiji foi a derrubada do xogunato Tokugawa. Refere-se a uma série de transformações do regime teocrático do governo do imperador Meiji. (N. do T.)

• Aproxime-se do Deus da Prosperidade •

    Em minha viagem missionária pelos países asiáticos, recentemente percebi algo com clareza. Durante a última guerra, cerca de 3 milhões de japoneses foram mortos. No início da guerra, a população japonesa era de cerca de 80 milhões de habitantes, e aproximadamente 3 milhões morreram.

    Quando faço essas viagens fora do Japão, procuro pesquisar sobre o país que irei visitar, e quando leio sobre a história dos países asiáticos, descubro que essas terras foram dominadas e colonizadas pelas potências ocidentais europeias durante séculos. O período que o Japão dominou é muito curto.

    Se as potências europeias tivessem dominado esses lugares para trazer felicidade aos povos asiáticos, não haveria problema, mas na maioria dos casos foi para explorar os recursos dessas terras e levá-los à Europa para serem consumidos. A Índia foi dominada pela Inglaterra por cerca de 150 anos, e o país praticamente não se desenvolveu durante esse período todo. A história se repetiu em outras nações. Os países colonizados pelas potências europeias quase não se desenvolveram.

    O Japão pode ter apresentado aspectos semelhantes às potências ocidentais, mas fez um esforço para dar educação e construir uma infraestrutura nos países que dominou. Muitos países dominados se desenvolveram graças a isso.

Minhas palavras podem soar como desculpa para aqueles que têm uma opinião contrária, mas no Japão havia pessoas que também desejavam a felicidade dos outros asiáticos. Foi o que ocorreu em Taiwan. Quando o Japão governava Taiwan, enviou pessoas altamente qualificadas para lá, como Inazo Nitobe[35] ou o que posteriormente se tornou prefeito de Tóquio, Shinpei Goto[36]. O país enviou a Taiwan pessoas excepcionalmente competentes a fim de contribuírem para o desenvolvimento local. Por isso, considero que o Japão se comportou de forma diferente das potências ocidentais.

Certa vez, fui realizar uma pregação nas Filipinas, em 21 de maio de 2011, e não percebi nenhum tipo de ressentimento ou raiva com relação ao Japão. Pelo contrário, tive a impressão de que o povo filipino sentia respeito pelos japoneses, carregando um sentimento do tipo: "Nas Filipinas o Japão ganhou do exército norte-americano numa ocasião e foi derrotado depois. E essa derrota japonesa atrasou o desenvolvimento filipino".

Os japoneses precisam ter consciência de que sentir arrependimento pelo comportamento que o Japão

---

[35] Inazo Nitobe (1862-1933) foi um economista, escritor, educador, diplomata, político e cristão japonês. Escreveu em inglês o livro *Bushido: a alma do Japão*, que foi lido por um grande público nos países ocidentais. (N. do T.)
[36] Shinpei Goto (1857-1929) foi um médico, político e ministro japonês. (N. do T.)

teve em relação à Segunda Guerra Mundial, achando que tudo o que o país fez foi causar mal, não é a única coisa que se deve fazer. Além disso, eu gostaria que você soubesse que, dentre os deuses xintoístas japoneses, alguns realmente desejavam a libertação das colônias.

Nesse sentido, o que nossos ancestrais praticaram não foi o fascismo. Eu gostaria de salientar que, nesse ponto, os japoneses foram muito diferentes dos nazistas, que mataram seis milhões de judeus. Talvez os responsáveis por jogar a bomba atômica no Japão continuem enxergando o país de antes da guerra como tendo uma ideologia equivalente à nazista. No entanto, até os espíritos superiores do Mundo Espiritual nos afirmam que existem pontos muito distantes entre ambos, e quero deixar isso aqui registrado.

Se existem líderes dos países perdedores que foram para o Inferno, como Hitler, também há líderes dos países vencedores que foram para o Inferno, como Stalin. O Japão foi derrotado, mas o fato é que o líder do país durante aquele período, o Imperador Hirohito[37], foi para Takamagahara (considerado, no xintoísmo, um paraíso onde vivem os deuses japoneses). Creio que houve um significado para a família imperial ter sido mantida depois da guerra.

---

[37] Também conhecido como Imperador Showa, Hirohito (1901-1989) foi o 124º imperador do Japão, reinando de 1926 a 1989. (N. do T.)

Não há nada a fazer quanto ao fato de que o Japão de antes da guerra não integrava o rol das lideranças mundiais, mas é lamentável que mesmo agora, depois do estouro da bolha, em um mundo sem bússola, o país ainda não seja um líder. Eu sinto firmemente que o Japão precisa se esforçar, daqui em diante, para ser a luz do mundo e o guia da humanidade.

2

Detenha as palavras e os pensamentos negativos

◇ ◇ ◇

Pessoas que usam uma linguagem pessimista raramente alcançam o sucesso

Eu gostaria de ser mais incisivo no tema deste capítulo e falar um pouco mais sobre a importância de se aproximar do Deus da Prosperidade. Vou começar narrando uma história pessoal, mas posso afirmar que os indivíduos pessimistas ou que costumam ficar repetindo coisas negativas têm dificuldade em alcançar o sucesso.

Aqueles que têm o hábito de falar de seus problemas e fracassos pessoais, de sua origem sofrida, da infância difícil e de suas insatisfações, ou se queixam de sua situação atual, raramente são bem-sucedidos; por isso, não conseguem ser felizes e nunca chegam a ter uma vida próspera. Essa é uma lei; portanto, lembre-se disso.

O que leva uma pessoa a não alcançar o sucesso é que, ao ouvir as próprias palavras que saem de sua boca repetidas vezes, ela acaba se autossugestionando. Se ela ficar constantemente dando ordens em determinada direção, inconscientemente começará a segui-las. Trata-se do subconsciente. Quem tem o hábito de falar coisas pessimistas está, na verdade, dando ordens dessa natureza ao subconsciente o tempo todo, criando uma tendência a se sentir atraído por ideias ruins e negativas e arrastando a mente mais para baixo nesse caminho negativo.

Procure perceber que essa é uma espécie de lei. Se você está usando com frequência uma linguagem negativa e alimentando pensamentos negativos, precisa deter isso. A mente humana não consegue pensar em duas coisas completamente distintas ao mesmo tempo; então, você deve escolher uma das duas.

Por exemplo, tente imaginar ao mesmo tempo um avião e um barco. Pode não parecer, mas é difícil. Agora, passe a visualizar ao mesmo tempo duas situações: você no avião e você no barco; isso também não será nada fácil. Nós acabamos pensando apenas em uma coisa.

Aquilo que uma pessoa carrega na mente é extremamente importante. Se você passa muito tempo pensando em coisas negativas, você é uma pessoa com tendência a ser infeliz; fenômenos condizentes podem se manifestar na sua vida diária, pois você aparenta ser alguém que busca a infelicidade. Isso faz com que os outros ao redor sintam que você quer ser maltratado.

Hoje, no Japão, é comum classificar as pessoas em várias categorias, como "S" (de sádico) e "M" (de masoquista) ou "carnívoros" e "herbívoros"[38]. Na realidade, porém, cada tipo atrai alguma coisa em algum grau. Se um indivíduo é masoquista, aqueles ao seu redor ficam com vontade de maltratá-lo. Ou seja, para eles, o indivíduo parece que está buscando aquilo que lhe causa sofrimento e naturalmente eles agem de forma a concretizar esse desejo. É dessa maneira que as coisas são atraídas. Portanto, mudar isso é responsabilidade do próprio indivíduo.

Há pessoas que, quando se aproximam, nos deixam com vontade de provocá-las porque sentimos que elas querem ouvir palavras agressivas, enquanto outras parecem nos repelir e inibir essa vontade.

E, quando sofrem provocações, essas pessoas dizem: "Fui maltratada exatamente como eu imaginava. Sou mesmo um ser inútil". Elas confirmam a imagem que têm de si mesmas, e até parecem ficar "contentes" com esse tratamento. Elas apenas não sabem que a causa de tudo isso é o próprio pensamento, nem sabem como controlá-los. Por isso, por favor, faça um esforço para mudar seu estado mental.

---

[38] Gírias que se referem, respectivamente, aos tipos agressivos e passivos nos relacionamentos. (N. do E.)

Não se preocupe demais com os detalhes – garanta os pontos principais

Eu não estou dizendo que isso só ocorre com os outros. Eu mesmo, quando estava com uns 20 anos de idade, tinha essa tendência negativista. Como hoje sou chamado de "Deus da Terra", não fico muito à vontade para contar, mas, desde o final de minha adolescência até o começo dos meus 20 anos, eu possuía uma tendência psicológica a ser "muito masoquista", sentia as coisas pequenas como se fossem enormes e de forma pessimista.

Um dos motivos deve ter sido por influência dos meus estudos para o vestibular. Eu fiquei com a mente presa no sistema de deméritos[39]; qualquer mínima falha me parecia o fim do mundo. Muitos dos estudantes que passaram longos períodos se preparando para o vestibular ou que eram considerados brilhantes na escola são assim: quando erram uma questão por caírem numa pegadinha, tendem a sentir aquilo como uma grande tragédia em sua vida.

Embora isso não seja de fato um incidente para se fazer um grande alarde, nem uma questão de vida ou morte, os alunos brilhantes que se preparam para

---

39 Método de avaliação japonesa que enfatiza mais os erros do que os pontos ganhos. A avaliação começa da pontuação máxima e, cada vez que erros são encontrados, descontam-se os pontos. (N. do T.)

o vestibular possuem uma forte tendência a se comportar desse modo.

Há muitos funcionários da Happy Science que se formaram em universidades famosas. Quando os observo, vejo tipos que me fazem pensar: "Apesar de inteligente, ele não consegue fazer um trabalho com um bom rendimento"; são indivíduos que costumam se concentrar nos detalhes. Em outras palavras, são aqueles com tendência a se importar demais com as pequenas falhas a ponto de ficarem concentrados em não cometer erros insignificantes, deixando de avançar no ponto principal, que é o crucial.

Quem possui tal tendência não apresenta bons resultados no trabalho. O rendimento da pessoa é muito ruim porque ela fica constantemente presa a detalhes e, enquanto não está tudo perfeito, não consegue apresentar um planejamento nem finalizar uma tarefa, o que a impede de passar para a etapa seguinte. Isso a torna muito ineficiente.

Essas pessoas não conseguem se orientar pelas coisas mais importantes, como explica o Princípio de Pareto (também conhecido como regra de 80/20), no qual os 20% mais relevantes correspondem a 80% do resultado. Não entendem que a parte vital equivale a 20% do trabalho e que, se você garantir os 20%, isso irá cobrir 80% dos resultados. Por exemplo, se uma companhia possui cem clientes, muitas vezes cerca de

80% do rendimento é proporcionado por apenas 20% dos clientes. Isso significa que, se a companhia cuidar bem dos seus vinte clientes principais, ela precisará de menos energia para cobrir o restante da meta. Porém, aqueles que não conseguem trabalhar bem com base nesse princípio fazem exatamente o contrário: empregam seus esforços visitando clientes que geram poucas vendas e deixam de lado os clientes mais importantes.

Empresas que apresentam péssimos resultados são compostas por pessoas com essa tendência, desde a presidência até o vendedor.

Sobretudo os bons alunos, quando estão se preparando para o vestibular, precisam ficar atentos, porque eles costumam deixar de garantir os "pontos vitais". São ideias que uma pessoa aprende somente depois que alguém lhe ensina.

Muitos professores das escolas não conseguem ensinar que é preciso saber agarrar com força aquilo que é mais geral, porém realmente importante. Portanto, é preciso ensinar esse conceito no mercado de trabalho. Alguém precisa dizer aos novatos que, no trabalho, é importante ter essa ousadia.

3

Duas companhias aéreas, dois tipos de serviço

◈ ◈ ◈

Será que você está realmente se colocando no lugar do cliente?

Eu costumo dizer isso várias vezes nas minhas palestras de administração: no ambiente de trabalho, é fundamental pensar na posição dos outros ou no lugar do cliente. Você pode aprender essa teoria por meio de palavras – lendo ou ouvindo –, mas colocá-la em prática não é simples. Na verdade, estimular a imaginação, fazendo-a trabalhar para nos ajudar a pensar na posição do cliente, não é uma tarefa fácil. Achamos que estamos nos colocando na posição do cliente, mas, na maioria das vezes, só estamos fazendo aquilo que nós pensamos.

Portanto, é melhor não desprezar a frase: "Pense na posição do cliente". Nos negócios, é comum crermos que estamos fazendo tudo pelo cliente, que os estamos colocando em primeiro lugar, mas com frequência não é isso que ocorre.

Outro erro que muitas pessoas cometem é considerar que sua empresa é a melhor do país, sem nem saber direito como é a qualidade do serviço oferecido por autônomos ou empresas do mesmo ramo. Por favor, tenha cuidado com isso.

O serviço impressionante da Singapore Airlines

Em setembro de 2011, viajei para dar um sermão em Cingapura e na Malásia. Primeiro, fui para Cingapura usando a Singapore Airlines. É uma companhia aérea famosa no mundo por oferecer um serviço de qualidade. Talvez você já tenha ouvido falar das lindas e esbeltas comissárias de bordo dessa companhia que nos atendem usando um traje étnico. Essa roupa étnica fica bem colada ao corpo, portanto somente aquelas que são magras conseguem usá-la.

O voo saía do Japão de manhã, durava umas sete horas e chegava a Cingapura no final da tarde. Como pude escolher uma poltrona numa classe boa, nesse dia tive a rara oportunidade de tirar uma soneca durante o voo. A poltrona não era do tipo que, para dormir, bastava recliná-la na posição sentada; era preciso se levantar, invertê-la rebatendo o encosto para a frente e, uma vez desdobrando-a na horizontal, estender mais o seu comprimento e transformá-la numa cama. Assim, era possível dormir na posição horizontal.

Fiquei surpreso, pois foi a primeira vez que usei uma poltrona com esse sistema. É preciso ter força para girar a poltrona e, por isso, havia um comissário de bordo masculino para ajudar, mas, graças à transformação da poltrona em uma cama horizontal, pude dormir e chegar a Cingapura me sentindo muito bem.

Além disso, em viagens para o exterior é comum termos de ficar esperando pela bagagem depois de descer do avião por cerca de uma hora e meia, mas assim que cheguei a Cingapura me conduziram até uma sala de espera especial, onde fiquei acomodado até a saída da bagagem.

Enquanto aguardava, me serviram chá preto de uma marca local e, para minha surpresa, acompanhado de bolos e lanches leves trazidos em um suporte de três andares para bolos. Depois de um tempo recebi a bagagem, entrei no carro e deixei o aeroporto para trás, tudo de forma bem tranquila.

Esse é o serviço da Singapore Airlines.

Viajar com uma grande companhia aérea japonesa

Em seguida, fui de Cingapura para a Malásia e dei outro sermão. No retorno da Malásia para o Japão peguei um voo em uma grande companhia aérea japonesa (que depois quase faliu). Por questão de disponibilidade de horário, tive de usar essa companhia.

O voo da Singapore Airlines que citei anteriormente partia de manhã e chegava de tarde; portanto, não era um horário em que fosse necessário dormir. Já no caso da volta, a partida da Malásia era às 11 horas da noite, horário local, com chegada ao Japão prevista para a manhã seguinte. A diferença de fuso entre os dois pontos é de uma hora. Dessa vez, o avião era o mais velho que eu já tinha visto. Como as aeronaves normalmente são alugadas, não devem ser de propriedade da companhia, mas percebi que estavam alugando um avião bem barato.

Como a companhia estava em processo de reestruturação, talvez não houvesse muita alternativa, mas eu nunca havia visto um avião tão velho assim. As poltronas eram duras e difíceis de mover, me deixando surpreso com sua rigidez. Era preciso usar muita força nelas, além de terem colocado três assentos espremidos lado a lado formando uma fileira bem estreita. Quando tentei reclinar o encosto para dormir, ele quase não se moveu, e isso me deixou incrédulo: "Só isso? Vou ter de dormir nessa posição a noite toda?".

O diretor da sede do Departamento de Questões Religiosas da Happy Science, que me acompanhava nessa viagem, estava em uma poltrona junto à parede do avião. Quando ele tentava inclinar a poltrona, a parede impedia o movimento. Por isso, depois ele me contou irritado que teve de dormir "na vertical".

• Aproxime-se do Deus da Prosperidade •

Esse é o voo da companhia aérea em reestruturação. Ainda dentro do avião, mais ou menos à meia-noite do horário local, ouvimos o anúncio: "Um ciclone se aproxima do Japão. Ele está se movendo da região oeste em direção a Tóquio; então, prevemos turbulências ao amanhecer". De fato, havia uma tempestade a caminho. Mas o incrível foi que o aviso continuou assim: "Portanto, serviremos o café da manhã para os passageiros da classe econômica a partir de agora".

Eles tiveram a intenção de servir o café da manhã naquele horário provavelmente por pensarem da seguinte forma: "Se não o distribuirmos agora, os passageiros irão dormir e teremos trabalho para acordá-los, então vamos entregar a comida antes que eles durmam". Assim, os passageiros da classe econômica receberam o café da manhã à meia-noite, no horário da Malásia, e mais nada durante o voo até o avião pousar no Japão, devido à turbulência prevista por causa da chegada do ciclone.

Os passageiros da classe executiva receberam o café da manhã às 4 horas, horário da Malásia (ou 5 horas da manhã pelo horário do Japão). O pouso foi mais ou menos às 7 horas, portanto, fomos servidos duas horas antes. Esses passageiros puderam receber o café da manhã depois de dormir algum tempo e duas horas antes de pousar; já os da classe econômica foram servidos antes mesmo de começarem a dormir.

Isso demonstrou que, além de usarem uma aeronave velha, também reduziram o número de pessoas para efetuar o serviço de bordo. Provavelmente serviram diferentes classes em diferentes horários para que os mesmos comissários pudessem atender tanto a classe econômica quanto a executiva. Diminuíram o número de colaboradores e reduziram as despesas com pessoal.

Imagino que foram essas as medidas de gestão. E também suponho que o presidente da empresa seja alguém que pense: "Se maximizarmos as vendas e minimizarmos os custos, teremos o máximo de lucro" e deve estar colocando essa ideia em prática.

Ou seja, provavelmente ele encara a questão da seguinte forma: "Precisamos alugar aviões baratos e diminuir o número de comissários de bordo ao mínimo necessário. Se reduzirmos a qualidade do serviço para os passageiros de classe econômica e reaproveitarmos a equipe de comissários, poderemos operar com um quadro mínimo de funcionários".

Não caia na cilada da mentalidade do egocentrismo corporativo ou centrada nos casos do passado

Essas foram as experiências que tive com duas companhias aéreas diferentes nos percursos de ida e volta de uma viagem. Foi exatamente como o trecho de uma música infantil japonesa[40]: "A ida será tranquila. A volta será terrível". Eu pude dormir a caminho de Cingapura, me senti extremamente confortável e fiz uma viagem muito boa. Já na volta só consegui ter alguns momentos entrecortados de sono a cada cinco minutos, e nem sei se juntando tudo consegui dormir vinte minutos. O voo era de madrugada, mas isso foi tudo que dormi. Era tão ruim a esse ponto. A diferença de qualidade entre as duas companhias era enorme.

Basta passar por uma única experiência dessas que começamos a querer usar sempre que possível a melhor empresa. Como a companhia aérea japonesa estava numa fase de reestruturação, ela não tinha muitas opções, mas teria de saber que "existem outras companhias concorrentes". Se não tivermos cuidado, é muito fácil cair na cilada do egocentrismo corporativo.

Ademais, quando pousamos no Japão também houve outro problema. Assim que descemos da aeronave com a bagagem de mão, uma atendente da companhia veio nos receber e nos encaminhou até uma sala de espera, mas tivemos de acompanhar essa atendente por mais de um quilômetro de distância a

---

40 Na música, chamada *Tooryanse* (Passe), há um trecho que retrata um tipo de guardião ou vigia de uma passagem ou portal dizendo a frase citada a uma pessoa que quer devolver amuletos xintoístas em um santuário (por sentir que já foi suficientemente protegida). (N. do T.)

passos muito rápidos. Os secretários que me acompanhavam não haviam dormido direito, estavam cambaleantes e alegavam que não aguentavam andar porque não tinham dormido, mas mesmo assim a atendente não diminuiu seu ritmo.

Talvez a companhia tenha pensado que estava nos dando um tratamento VIP, mas a funcionária que conduzia os clientes andava a toda velocidade. Provavelmente ela andava tão depressa porque precisava percorrer aquele caminho repetidas vezes, mas as pessoas do nosso grupo que não tinham dormido cambaleavam carregando suas bagagens e falavam: "Não consigo andar tão rápido".

Essa foi a qualidade do serviço que a empresa nos ofereceu. Talvez eles tenham pensado que estavam realizando um bom atendimento, mas precisam lembrar que os clientes vão comparar com os outros concorrentes.

Posso estar sendo um pouco duro demais por criticar uma empresa em fase de reestruturação, mas, como relatei no Capítulo 2 deste livro, a sala de espera especial dessa companhia aérea só tinha quatro cadeiras por grupo, e nos diziam: "Não permitimos a entrada de uma quinta pessoa". Por isso, um dos secretários do nosso grupo sempre tinha de ficar de pé do lado de fora da sala. Quando faço uma viagem missionária pelos templos locais do Japão, levo comigo quatro secretários. Portanto, quando nos diziam que o limite era de quatro pessoas, uma sempre acabava sobrando. O jogo chinês mahjong em geral requer quatro jogadores, e as mesas dos restaurantes chineses também costumam ter lugar para quatro pessoas, mas eu não sabia que o mesmo número era a regra em uma sala de espera de aeroporto. E mais: mesmo que a sala de espera estivesse quase vazia, não permitiam a entrada dos cinco por um bom tempo, alegando que essa era a "política da empresa". Mencionei esse fato em um sermão e disse que não considero que essa seja uma boa atitude, mesmo para uma empresa à beira da falência. Depois disso, a companhia aérea passou a fornecer cadeiras adicionais, e desde então os cinco integrantes do grupo puderam se sentar juntos. Imagino que o que eu disse tenha chegado até aquela companhia aérea por algum contato.

Como se pode ver por esse exemplo, a prestação de serviço é algo realmente muito difícil.

Quando uma empresa age com base somente em sua tradição ou alega que "sempre foi assim", ela acaba caindo na armadilha da mentalidade de seguir os exemplos do passado e não consegue mudar com agilidade, mesmo que venha a enfrentar uma situação crítica.

4
Em vez de sentir inveja, congratule os outros

◇ ◇ ◇

A concorrência pode gerar desigualdades positivas

Obviamente, no mundo do liberalismo atual a desigualdade surge porque existe a concorrência. O número de clientes de uma empresa pode aumentar, assim como seu lucro, enquanto a clientela pode diminuir em outra empresa, que passa a ficar deficitária.

Atualmente, muitos estão se manifestando contra a desigualdade, considerando-a um problema. Mas não se pode generalizar e dizer que toda desigualdade é ruim. Onde há disputa, naturalmente surgem diferenças, mas algumas delas podem ser boas. Existem diferenças más, porém também existem diferenças boas.

Quando duas empresas estão fazendo exatamente a mesma coisa e surgem diferenças, eu considero isso uma desigualdade ruim. Mas é perfeitamente apropriado que elas apresentem resultados diferentes se suas ações são distintas. A diferença vem do valor agregado. Considero positivo o desenvolvimento e o lucro de empresas ou de indivíduos que se esforçam.

Por exemplo, se uma companhia aérea oferece aos seus passageiros uma viagem confortável, então ela está fazendo um bom trabalho. Não vejo nada de ruim no aumento dos lucros dessa empresa como resultado de suas ações. É preciso ficar atento a esse detalhe.

Atualmente, a mídia tem divulgado efusivamente que o mundo está em crise ou que a grande depressão econômica mundial se aproxima. É como se estivessem gritando "o lobo está vindo". Por exemplo, nos Estados Unidos, no outono de 2011, houve um protesto contra a desigualdade em Wall Street, Nova York. Em seguida, um jornal japonês de esquerda demonstrou sua satisfação dizendo que o movimento havia se espalhado por mais de oitenta países. No entanto, o modo de pensar que existe por trás desses protestos é perigoso. É um erro considerar que todo tipo de desigualdade é nocivo.

Haver diferenças na prestação de serviço ao cliente é algo bom, e a falta de concorrência seria problemática. Para aqueles que lucram prestando serviços, é importante que o melhor serviço sobreviva por meio da concorrência.

Quando uma empresa estiver quase perdendo de um concorrente, ela deve fazer um esforço para se recuperar. É preciso ter cuidado para não pensar de forma errada. Se o resultado for o mesmo, independentemente do que você faça, então tudo estará perdido. Devemos nos empenhar ao máximo para oferecer oportunidades iguais de entrada ou de participação em um mercado, mas precisamos aceitar certa desigualdade, ou seja, diferença de resultados, caso contrário não conseguiremos prosperar.

Se não se aceitar a diferença entre os jogadores, não tem como um jogo de beisebol existir

É mais fácil entender meus argumentos se pensarmos em termos de beisebol profissional.

Por exemplo, o que acontece se você aplicar uma multa para um rebatedor com índice de rebatida acima de 30%? Na vida de um jogador profissional há uma enorme diferença salarial entre um jogador que marca 30% de rebatidas e outro que não consegue ultrapassar os 29%. A diferença de 0,1% ou 0,2% no índice de rebatidas não parece ser grande coisa, mas, na prática, faz muita diferença rebater 30% ou não.

E se você criar uma regra na qual "o rebatedor que ultrapassar os 20 *home runs*[41] na carreira terá de pagar 10 milhões de ienes (cem mil dólares) de multa

---

41 *Home run* é uma rebatida cujo rebatedor marca um ponto em uma única jogada. (N. do T.)

por cada *home run* a mais", isso seria insuportável para os rebatedores de *home run*. É muito fácil fazer um rebatedor não marcar um *home run*, mas fazer um atleta marcar é uma empreitada difícil. É preciso muito treino e esforço para fazer um *home run* com a intenção de marcar um. Portanto, tentar corrigir a desigualdade, ou seja, orientar todos para nivelar por baixo é como colocar a carroça na frente dos bois.

Se começar a haver "orientações administrativas" do tipo: "Um jogador não pode fazer mais de cinco *home runs* por ano" ou "Um jogador não pode superar a marca de 30% de rebatidas" ou ainda se obrigarmos o arremessador a jogar uma bola fácil e bem no meio para que os rebatedores com índice inferior a 20% não corram o risco de serem demitidos, o beisebol profissional não terá razão de existir.

Essas regras fariam com que os jogadores perdessem a motivação, e o público também perderia a vontade de pagar pelos ingressos.

O fato de o jogador Ichiro[42] ter rebatido inúmeras vezes, conquistado as bases[43] diversas vezes e

---

[42] Ichiro Suzuki (1973-) é um jogador profissional de beisebol que, depois de ficar nove anos no time japonês Orix Blue Wave, foi para a Major League dos EUA, em 2001; desde então, quebrou vários recordes. (N. do T.)

[43] Explicando de forma simplificada, no beisebol, para fazer uma pontuação além do *home run*, é preciso que o rebatedor rebata a bola e percorra quatro bases sem ser "queimado" por um jogador adversário que esteja de posse da bola rebatida. (N. do T.)

recebido um ótimo salário não deixa de ser uma desigualdade, mas o que deu grande contribuição para esse resultado foi o esforço e o talento dele próprio. E, se isso traz alegria a muitas pessoas, é preciso concordar com essa diferença.

O que Ichiro faz com o dinheiro que recebe é um problema dele. Se ele gastar o dinheiro em jogos de azar e for se corrompendo, a popularidade dele cairá e, nesse caso, ele colherá o que plantou. Mas ele parece ser alguém difícil de corromper, pois tem uma forte disciplina e até se recusou a receber o Prêmio de Honra do Governo Japonês.

Por conseguinte, precisamos compreender que existem desigualdades boas. Tenha cuidado com as ideologias que afirmam que a diferença, por si só, é ruim. Fique atento, sobretudo, a tendências que parecem confundir inveja com justiça. Os sentimentos de inveja podem até se convergir para se transformar em "justiça", mas o resultado pode ser uma sociedade na qual ninguém é feliz. Eu gostaria que você soubesse disso.

Se as pessoas passarem a considerar o superávit como algo errado, todos vão começar a ficar deficitários e ninguém mais pagará imposto. Essa é uma tendência muito perigosa.

Como citei repetidas vezes anteriormente, para poder se opor à inveja é preciso ter um espírito de abençoar. As pessoas bem-sucedidas alcançaram o sucesso se esforçando para usar sua sabedoria até o limite, trabalhar arduamente e gerar ideias de melhorias; portanto, nada mais justo do que congratular essas pessoas e alimentar o desejo de receber a mesma bênção. É desse modo que você pode se aproximar delas. Se você se sentir contrariado ou tiver inveja dessas pessoas bem-sucedidas, precisará aprender a controlar esses sentimentos.

5

Ame o Deus da Prosperidade em vez dos espíritos da pobreza

◇ ◇ ◇

"Tempo é dinheiro", mas também é verdade que "dinheiro é tempo"

Quando jovem, eu tinha uma cabeça um pouco adversa à mentalidade que almeja a prosperidade. Muitas religiões, pelo menos em suas fases iniciais, também viam o dinheiro como um mal. As pessoas religiosas costumam pensar desse modo, pois é muito fácil ser atraído pelo ideal de pobreza nobre. Em outras palavras, essa ideia diz que: "Os pobres estão certos e os ricos estão errados".

No entanto, na prática é muito difícil ser bem-sucedido nos negócios. Sem o apoio de muita gente, sem muitos compradores ou pessoas que queiram receber o serviço, o empreendedor não consegue gerar faturamento. E quando ele se corrompe, isso também afasta os clientes.

Os negócios são julgados rigorosamente, e é preciso estar bem consciente disso.

Outro ponto importante é como você usa o tempo. Benjamin Franklin disse que "tempo é dinheiro", e é verdade que o aproveitamento do tempo se reflete em forma de dinheiro.

O tempo é igual para todos. Um dia dura 24 horas e uma vida inteira costuma durar menos de um século. Porém, já é um fato consolidado que o modo de aproveitar o tempo pode fazer uma pessoa rica ou não. Falando de forma bem concisa, o rumo de sua vida depende de como você aproveita suas 24 horas diárias.

Se invertermos a ordem das palavras, também podemos afirmar que "dinheiro é tempo". Como escrevi no Capítulo 1 deste livro, eu tive essa iluminação quando ainda era jovem. A razão pela qual isso é verdade é que, se você tem dinheiro, pode comprar tempo.

Nós, da Happy Science, também colocamos esse princípio em prática, por isso o entendemos muito bem. Quando temos dinheiro suficiente, podemos construir templos, implementar um trabalho missionário no exterior ou fundar uma escola. Porém, se o dinheiro demora a entrar, gastamos um tempo exorbitante para realizar as mesmas atividades. Por conseguinte, "dinheiro é tempo" também é uma grande verdade.

Não se pode obter aquilo que se rejeita

O dinheiro em si é neutro, e o importante é o objetivo com que você quer utilizá-lo. Claro, precisamos evitar que o dinheiro seja empregado por criminosos e garantir que ele se concentre principalmente nas mãos das pessoas de bem. Eu desejo muito que as empresas que querem "tornar o mundo um lugar melhor" possam lucrar cada vez mais. Em meus ensinamentos, não digo: "Se você está lucrando, irá para o Inferno". Tenha cuidado com esse tipo de pensamento.

Provavelmente, um empresário que nega a riqueza do fundo do coração não será bem-sucedido. Não se consegue obter algo que você rejeita. Se a pessoa nega a obtenção de riqueza porque considera isso uma forma de exploração, então ela tem um problema.

Em 14 de outubro de 2011, o patrimônio dos ministros que compunham o Governo Noda[44] foi divulgado, e na lista que foi publicada nos jornais do dia seguinte lia-se: "Desde que o anúncio do patrimônio também passou a incluir os bens dos familiares, em 1989, o primeiro-ministro Noda foi o líder japonês que apresentou o menor patrimônio por ocasião do início de sua gestão".

---

44 Governo Noda (2011-2012): Yoshihiko Noda foi o 95º primeiro-ministro japonês pelo Partido Democrático Japonês. (N. do T.)

O primeiro-ministro Noda assumiu o primeiro lugar em uma disputa não muito honrosa. Os terrenos e edifícios em seu nome na província de Chiba, mais a conta de investimentos de 2 milhões e pouco de ienes, totalizam cerca de 17 milhões de ienes de patrimônio. Mas ele também possuía uma dívida de financiamento imobiliário de cerca de 34 milhões de ienes; portanto, ao todo ele possuía um patrimônio negativo de quase 20 milhões de ienes.

O patrimônio familiar dele era muito parecido com a situação financeira atual do Japão; então, creio que para ele as finanças públicas da nação e as finanças familiares sejam a mesma coisa. Apesar de ser um discípulo de Konosuke Matsushita[45], ele parece ter pouco talento para ganhar dinheiro. Pessoalmente, não me sinto à vontade de deixar a administração do país nas mãos de alguém que esteja muito endividado. Se possível, gostaria que o comando da nação ficasse com alguém que fosse bom em gerenciar as finanças de casa e conseguisse deixar as contas familiares fora do vermelho.

No entanto, mais importante que as finanças é a ideologia do líder do país. Considero muito perigoso quando o chefe da nação tem tendência a amar o défi-

---

[45] Konosuke Matsushita (1894-1989) foi um empresário japonês que fundou a Matsushita Electric (atual Panasonic) e ficou conhecido como o "deus da gestão". (N. do T.)

cit, ou seja, quando ele acha que "não ganhar dinheiro é bom e que ficar no vermelho é correto".

Se o próprio líder do país eliminar a ideia da mente próspera, toda a população será possuída pelos espíritos da pobreza.

Eu vejo alguns traços dessa tendência no presidente Barack Obama[46]. Nesse sentido, ele se parece com o antigo primeiro-ministro Kan[47]. Obama formou-se na Universidade de Harvard, mas realizava serviços voluntários como advogado em um bairro pobre de Chicago. Não acho nada errado nisso, pois se baseia na liberdade de ideologia e crença que ele seguia. Mas outros formados de alto escalão de Harvard trabalham em Wall Street e recebem salários imensos, e sinto que ele não gosta muito disso.

Ele ataca as pessoas de alta renda, e penso que existe uma motivação pessoal nisso. Talvez ele tenha tentado processos seletivos em uma companhia e não conseguiu ser aprovado. É apenas uma suposição, mas acho que ele está tentando culpar os outros por seu fracasso econômico pessoal. O discurso de que "A maior parte das pessoas é pobre porque apenas uma pequena parcela da população está lucrando" é um

---

[46] Barack Obama (1961-) foi o 44º presidente dos Estados Unidos, entre 2009 e 2017. (N. do T.)
[47] Naoto Kan (1946-) foi o 94º primeiro-ministro japonês, entre 2010 e 2011. (N. do T.)

argumento conveniente para os políticos que querem fugir de suas responsabilidades, e fico com a impressão de que é desse jeito que ele está usando essa desculpa.

Crie riqueza, em vez de ficar disputando um pedaço da torta

Você deve amar o Deus da Prosperidade, e não os espíritos da pobreza. Pense no seguinte: "O mundo enriquecer é uma coisa boa. Se isso ocorrer, mais pessoas receberão ajuda e o mundo inteiro poderá avançar. O aumento no número de pessoas que amam a pobreza não é nada bom. Uma sociedade que pensa que uma pessoa rica merece ser alvo de inveja e deve ser esmagada pela multidão nunca será boa".

Supondo que o jogador Ichiro ganhasse 1 bilhão de ienes anualmente, uma sociedade que quisesse arrastá-lo para fora do estádio para que a multidão o matasse a pauladas seria horrível. Preciso lhe dizer: "Se não está gostando, vá praticar rebatidas no campo de treino. Comece a treinar desde criança. Se você não está preparado para fazer isso, não tem o direito de sentir inveja".

É muito fácil sentir inveja, mas, em vez de exteriorizar esse sentimento em palavras, o melhor a fazer é elogiar as boas conquistas e se esforçar para fazer igual. O importante é se inspirar nelas e se aperfeiçoar para dar algum passo adiante no seu ramo de atuação. Se o número de pessoas prósperas não aumentar por meio do esforço, a sociedade inteira não irá enriquecer.

Se você ficar pensando que a torta nunca vai aumentar de tamanho e que a única opção é brigar por seus pedaços, o mundo irá virar uma selva onde predomina a lei do mais forte. Portanto, é importante pensar em novas formas de "criar riqueza", pensar em meios para que muitas pessoas obtenham lucro.

A conclusão é que só existe um meio de fazer isso. Se você se esforçar para criar produtos que ainda não existem no mundo ou trabalhar em algo que leve alegria ao maior número possível de pessoas, com certeza haverá desenvolvimento. O mecanismo é esse, e não é complicado.

No entanto, se você for egocêntrico e só tomar decisões pensando em si mesmo, sua perspectiva ficará distorcida e você tomará decisões erradas.

Parece que a "administração do espírito da pobreza" continuará no Japão. Por isso, precisamos fazer questão de lançar a ideia da prosperidade.

Posfácio

A economia mundial foi além da estagnação, passou pela recessão e agora se encontra à beira de uma grande depressão. Parece que o Japão está tentando fechar suas portas no sentido econômico e se voltando para a "estabilidade de um único país".

Um espírito de pobreza permanece firme no centro dessa nação japonesa. Esse espírito reduziu o fornecimento de moeda, estabeleceu medidas de austeridade fiscal e está levando a nação em direção a uma política de mais impostos, deflacionária.

Essa é a cultura "de volta ao pós-guerra" do Japão, que se recusa a acreditar no Deus da Prosperidade. Talvez os políticos e funcionários públicos imersos nessa cultura acreditem que podem ganhar mais poder tornando a população pobre.

Tempo é dinheiro. Dinheiro é tempo. Acelere o ritmo de desenvolvimento econômico. A valorização do iene é uma revelação do Céu para emitir mais ienes. O "combate à inflação" não é necessário durante os períodos de deflação. O que importa é uma cultura que valorize as pessoas que realizam rebatidas e *home runs*.

Ryuho Okawa
Janeiro de 2012

Sobre o Autor

Fundador e CEO do Grupo Happy Science. Ryuho Okawa nasceu em 7 de julho de 1956, em Tokushima, no Japão. Após graduar-se na Universidade de Tóquio, juntou-se a uma empresa mercantil com sede em Tóquio. Enquanto trabalhava na matriz de Nova York, estudou Finanças Internacionais no Graduate Center of the City University of New York. Em 23 de março de 1981, alcançou a Grande Iluminação e despertou para Sua consciência central, El Cantare – cuja missão é trazer felicidade para a humanidade.

Em 1986, fundou a Happy Science, que atualmente se expandiu para mais de 184 países, com mais de 700 templos e 10 mil casas missionárias ao redor do mundo.

O Mestre Ryuho Okawa realizou mais de 3.500 sermões, sendo cerca de 150 em inglês. Ele tem mais de 3.250 livros publicados (superando 600 mensagens espirituais) – traduzidos para mais de 42 línguas –, muitos dos quais se tornaram *best-sellers* e alcançaram a casa dos milhões de exemplares vendidos, inclusive *As Leis do Sol* e *As Leis do Inferno*. Até o momento, a Happy Science produziu 28 filmes sob a supervisão de Okawa, dos quais criou a história e o conceito originais, além de ser também o produtor executivo. Ele também compôs mais de 450 músicas e letras. Mestre Okawa é também o fundador da Happy Science University, da Happy Science Academy, do Partido da Realização da Felicidade, fundador e diretor honorário do Instituto Happy Science de Governo e Gestão, fundador da Editora IRH Press e presidente da New Star Production Co. Ltd. e ARI Production Co. Ltd.

Quem é El Cantare?

El Cantare significa a "Luz da Terra". Ele é o Supremo Deus da Terra, que vem guiando a humanidade desde a Gênese e é o Criador do Universo. É Aquele a quem Jesus chamou de Pai e Muhammad, de Alá. Ele é Ame-no-Mioya-Gami, o Deus-Pai do Japão. Também é conhecido como Vishnu na Índia e como Tiandi na China. No passado, diferentes partes da consciência central de El Cantare vieram à Terra, uma vez como Alpha e outra como Elohim. Seus espíritos ramos, como Buda Shakyamuni e Hermes, vieram à Terra inúmeras vezes para ajudar diversas civilizações a prosperarem. Com o intuito de unir as várias religiões e integrar diferentes campos de estudo para criar uma nova civilização na Terra, uma parte da consciência central de El Cantare desceu à Terra como Mestre Ryuho Okawa.

Alpha: parte da consciência central de El Cantare, que desceu à Terra há cerca de 330 milhões de anos. Alpha pregou as Verdades da Terra para harmonizar e unificar os humanos nascidos na Terra e os seres do espaço que vieram de outros planetas.

Elohim: parte da consciência central de El Cantare, que desceu à Terra há cerca de 150 milhões de anos. Ele pregou sobre a sabedoria, principalmente sobre as diferenças entre luz e trevas, bem e mal.

Ame-no-Mioya-Gami: Ame-no-Mioya-Gami (O Deus Pai do Japão) é um Ser próximo da consciência central do Senhor El Cantare, sendo o Deus Criador e o Deus Pai que aparece na antiga literatura *Hotsuma Tsutae*. Diz-se que Ele desceu na região do monte Fuji 30 mil anos atrás e construiu a dinastia Fuji, que é a raiz da civilização japonesa. Centrados na justiça, os ensinamentos de Ame-no-Mioya-Gami espalharam-se pelas civilizações antigas de outros países.

Buda Shakyamuni: Sidarta Gautama nasceu como príncipe do clã Shakya, na Índia, há cerca de 2.600 anos. Aos 29 anos, renunciou ao mundo e ordenou-se em busca de iluminação. Mais tarde, alcançou a Grande Iluminação e fundou o budismo.

Hermes: na mitologia grega, Hermes é considerado um dos doze deuses do Olimpo. Porém, a verdade espiritual é que ele foi um herói da vida real que, há cerca de 4.300 anos, pregou os ensinamentos do amor e do desenvolvimento que se tornaram a base da civilização ocidental.

Ophealis: nasceu na Grécia há cerca de 6.500 anos e liderou uma expedição até o distante Egito. Ele é o deus dos milagres, da prosperidade e das artes, e também é conhecido como Osíris na mitologia egípcia.

Rient Arl Croud: nasceu como rei do antigo Império Inca há cerca de 7 mil anos e ensinou sobre os mistérios do coração. No Mundo Celestial, ele é o responsável pelas interações que ocorrem entre vários planetas.

Thoth: foi um líder onipotente que construiu a era dourada da civilização da Atlântida há cerca de 12 mil anos. Na mitologia egípcia, ele é conhecido como o deus Thoth.

Ra Mu: foi o líder responsável pela instauração da era dourada da civilização de Mu, há cerca de 17 mil anos. Como líder religioso e político, governou unificando a religião e a política.

Sobre a Happy Science

A Happy Science é uma organização religiosa fundada sob a fé em El Cantare, o Deus da Terra e Criador do Universo. A essência do ser humano é a alma, que foi criada por Deus, e todos nós somos filhos d'Ele. Deus é o nosso verdadeiro Pai, o que nos leva a ter em nossa alma o desejo fundamental de acreditar em Deus, amar a Deus e nos aproximar de Deus. E podemos ficar mais próximos d'Ele ao vivermos com a Vontade de Deus como nossa própria vontade. Na Happy Science, chamamos isso de a "Busca do Correto Coração". Ou seja, de modo mais concreto, significa a prática dos Quatro Corretos Caminhos: Amor, Conhecimento, Reflexão e Desenvolvimento.

Amor: isto é, o amor que se dá, ou misericórdia. Deus deseja a felicidade de todas as pessoas. Desse modo, viver com a Vontade de Deus como se fosse nossa própria vontade significa começar com a prática do amor que se dá.
Conhecimento: ao estudar e praticar o conhecimento espiritual adquirido, você pode desenvolver a sabedoria e ser capaz de resolver melhor os problemas de sua vida.
Reflexão: ao aprender sobre o coração de Deus e a diferença entre a mente (coração) d'Ele e a sua, você deve se esforçar para aproximar o seu coração do coração de Deus – esse processo é chamado de reflexão. A reflexão inclui a prática da meditação e oração.
Desenvolvimento: tendo em vista que Deus deseja a felicidade de todos os seres humanos, cabe a você também avançar na

sua prática do amor e se esforçar para concretizar a Utopia que permita que as pessoas da sociedade em que você convive, do seu país e, por fim, toda a humanidade, sejam felizes.

À medida que praticamos os Quatro Corretos Caminhos, nossa alma irá avançar gradativamente em direção a Deus. É quando podemos atingir a verdadeira felicidade: nosso desejo de nos aproximar de Deus se torna realidade. Na Happy Science, conduzimos atividades que nos trazem felicidade por meio da fé no Senhor El Cantare, e que levam felicidade a todos ao divulgarmos esta fé ao mundo. E convidamos você a se juntar a nós!

Realizamos eventos e atividades nos nossos templos locais, bases e casas missionárias para ajudá-lo com a prática dos Quatro Corretos Caminhos.

Amor: realizamos atividades de trabalho voluntário. Nossos membros conduzem o trabalho missionário juntos, como o maior ato da prática do amor.

Conhecimento: possuímos uma vasta coleção de livros sagrados, muitos deles disponíveis *online* e nas unidades da Happy Science. Realizamos também diversos seminários e estudos dos livros para você se aprofundar nos estudos da Verdade.

Reflexão: há diversas oportunidades para polir seu coração por meio da reflexão, meditação e oração. São muitos os casos de membros que experimentaram melhorias nas suas relações interpessoais ao mudarem o seu próprio coração.

Desenvolvimento: disponibilizamos seminários para elevar seu poder de influência. Realizamos seminários para alavancar seu trabalho e habilidades de gestão, porque fazer um bom trabalho também é fundamental para criar uma sociedade melhor.

O sutra da Happy Science

As Palavras da Verdade Proferidas Por Buda

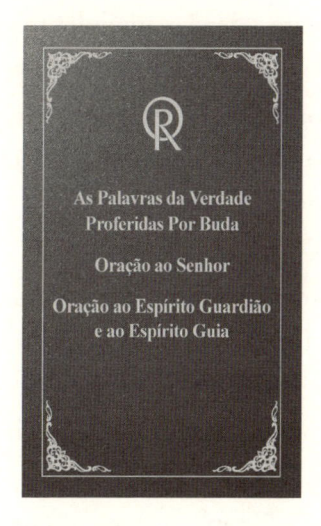

As Palavras da Verdade Proferidas Por Buda é um sutra que nos foi concedido, originalmente em inglês, diretamente pelo espírito de Buda Shakyamuni, que faz parte da subconsciência do Mestre Ryuho Okawa. As palavras deste sutra não vêm de um mero ser humano, mas são palavras de Deus ou Buda, que foram enviadas diretamente da Nona Dimensão – o reino mais elevado do mundo espiritual terrestre.

As Palavras da Verdade Proferidas Por Buda é um sutra essencial para nos conectarmos e vivermos com a Vontade de Deus ou Buda como se fosse nossa vontade.

Torne-se um membro!

MEMBRO
Se você quer conhecer melhor a Happy Science, recomendamos que se torne um membro. É possível fazê-lo ao jurar acreditar no Senhor El Cantare e desejar aprender mais sobre nós. Ao se tornar membro, você receberá o seguinte livro de orações com os sutras: *As Palavras da Verdade Proferidas Por Buda, Oração ao Senhor* e *Oração ao Espírito Guardião e ao Espírito Guia*.

MEMBRO DEVOTO
Se você deseja aprender os ensinamentos da Happy Science e avançar no caminho da fé, recomendamos que se torne um membro devoto aos Três Tesouros, que são: Buda, Darma e Sanga. Buda é o Senhor El Cantare, Mestre Ryuho Okawa. Darma são os ensinamentos pregados pelo Mestre Ryuho Okawa. E Sanga é a Happy Science. Devotar-se aos Três Tesouros fará sua natureza búdica brilhar e permitirá que você entre no caminho para conquistar a verdadeira liberdade do coração.

Tornar-se devoto significa se tornar um discípulo de Buda. Você desenvolverá o controle do coração e levará felicidade à sociedade.

```
✉ E-MAIL OU ☎ TELEFONE
Vide lista de contatos (págs. 206 a 208).
📶 ONLINE   www.happy-science-br.org/torne-se-membro
```

Contatos

A Happy Science é uma organização mundial, com centros de fé espalhados pelo globo. Para ver a lista completa dos centros, visite a página happy-science.org (em inglês). A seguir encontram-se alguns dos endereços da Happy Science:

BRASIL

São Paulo (Matriz)
Rua Domingos de Morais 1154,
Vila Mariana, São Paulo, SP
CEP 04010-100, Brasil
Tel.: 55-11-5088-3800
E-mail: sp@happy-science.org
Website: happyscience.com.br

São Paulo (Zona Sul)
Rua Domingos de Morais 1154,
Vila Mariana, São Paulo, SP
CEP 04010-100, Brasil
Tel.: 55-11-5088-3800
E-mail: sp_sul@happy-science.org

São Paulo (Zona Leste)
Rua Itapeti 860 A, sobreloja
Vila Gomes Cardim, São Paulo, SP
CEP 03324-002, Brasil
Tel.: 55-11-2295-8500
E-mail: sp_leste@happy-science.org

São Paulo (Zona Oeste)
Rua Rio Azul 194,
Vila Sônia, São Paulo, SP
CEP 05519-120, Brasil
Tel.: 55-11-3061-5400
E-mail: sp_oeste@happy-science.org

Campinas
Rua Joana de Gusmão 108,
Jd. Guanabara, Campinas, SP
CEP 13073-370, Brasil
Tel.: 55-19-4101-5559

Capão Bonito
Rua General Carneiro 306,
Centro, Capão Bonito, SP
CEP 18300-030, Brasil
Tel.: 55-15-3543-2010

Jundiaí
Rua Congo 447,
Jd. Bonfiglioli, Jundiaí, SP
CEP 13207-340, Brasil
Tel.: 55-11-4587-5952
E-mail: jundiai@happy-science.org

Londrina
Rua Piauí 399, 1º andar, sala 103,
Centro, Londrina, PR
CEP 86010-420, Brasil
Tel.: 55-43-3322-9073

Santos / São Vicente
Tel.: 55-13-99158-4589
E-mail: santos@happy-science.org

Sorocaba
Rua Dr. Álvaro Soares 195, sala 3,
Centro, Sorocaba, SP
CEP 18010-190, Brasil
Tel.: 55-15-3359-1601
E-mail: sorocaba@happy-science.org

Rio de Janeiro
Rua Barão do Flamengo 22, sala 304,
Flamengo, Rio de Janeiro, RJ
CEP 22220-900, Brasil
Tel.: 55-21-3486-6987
E-mail: riodejaneiro@happy-science.org

ESTADOS UNIDOS E CANADÁ

Nova York
79 Franklin St.,
Nova York, NY 10013
Tel.: 1-212-343-7972
Fax: 1-212-343-7973
E-mail: ny@happy-science.org
Website: happyscience-usa.org

Los Angeles
1590 E. Del Mar Blvd.,
Pasadena, CA 91106
Tel.: 1-626-395-7775
Fax: 1-626-395-7776
E-mail: la@happy-science.org
Website: happyscience-usa.org

San Francisco
525 Clinton St.,
Redwood City, CA 94062
Tel./Fax: 1-650-363-2777
E-mail: sf@happy-science.org
Website: happyscience-usa.org

Honolulu (Havaí)
Tel.: 1-808-591-9772
Fax: 1-808-591-9776
E-mail: hi@happy-science.org
Website: happyscience-usa.org

Kauai (Havaí)
3343 Kanakolu Street,
Suite 5
Lihue, HI 96766
Tel.: 1-808-822-7007
Fax: 1-808-822-6007
E-mail: kauai-hi@happy-science.org
Website: happyscience-usa.org

Flórida
5208 8th St., Zephyrhills,
Flórida 33542
Tel.: 1-813-715-0000
Fax: 1-813-715-0010
E-mail: florida@happy-science.org
Website: happyscience-usa.org

Toronto (Canadá)
845 The Queensway Etobicoke,
ON M8Z 1N6, Canadá
Tel.: 1-416-901-3747
E-mail: toronto@happy-science.org
Website: happy-science.ca

INTERNACIONAL

Tóquio
1-6-7 Togoshi, Shinagawa
Tóquio, 142-0041, Japão
Tel.: 81-3-6384-5770
Fax: 81-3-6384-5776
E-mail: tokyo@happy-science.org
Website: happy-science.org

Londres
3 Margaret St.,
Londres, W1W 8RE, Reino Unido
Tel.: 44-20-7323-9255
Fax: 44-20-7323-9244
E-mail: eu@happy-science.org
Website: happyscience-uk.org

Sydney
516 Pacific Hwy, Lane Cove North,
NSW 2066, Austrália
Tel.: 61-2-9411-2877
Fax: 61-2-9411-2822
E-mail: sydney@happy-science.org
Website: happyscience.org.au

Kathmandu
Kathmandu Metropolitan City
Ward No 15, Ring Road, Kimdol,
Sitapaila Kathmandu, Nepal
Tel.: 977-1-427-2931
E-mail: nepal@happy-science.org

Kampala
Plot 877 Rubaga Road, Kampala
P.O. Box 34130, Kampala, Uganda
E-mail: uganda@happy-science.org

Bangkok
19 Soi Sukhumvit 60/1,
Bang Chak, Phra Khanong,
Bangkok, 10260, Tailândia
Tel.: 66-2-007-1419
E-mail: bangkok@happy-science.org
Website: happyscience-thai.org

Paris
56-60 rue Fondary 75015
Paris, França
Tel.: 33-9-50-40-11-10
Website: www.happyscience-fr.org

Berlim
Rheinstr. 63, 12159
Berlim, Alemanha
Tel.: 49-30-7895-7477
E-mail: kontakt@happy-science.de

Filipinas
LGL Bldg, 2nd Floor,
Kadalagaham cor,
Rizal Ave. Taytay,
Rizal, Filipinas
Tel.: 63-2-5710686
E-mail: philippines@happy-science.org

Seul
74, Sadang-ro 27-gil,
Dongjak-gu, Seoul, Coreia do Sul
Tel.: 82-2-3478-8777
Fax: 82-2- 3478-9777
E-mail: korea@happy-science.org

Taipé
Nº 89, Lane 155, Dunhua N. Road.,
Songshan District, Cidade de Taipé 105,
Taiwan
Tel.: 886-2-2719-9377
Fax: 886-2-2719-5570
E-mail: taiwan@happy-science.org

Kuala Lumpur
Nº 22A, Block 2, Jalil Link Jalan Jalil
Jaya 2, Bukit Jalil 57000, Kuala Lumpur,
Malásia
Tel.: 60-3-8998-7877
Fax: 60-3-8998-7977
E-mail: malaysia@happy-science.org
Website: happyscience.org.my

Outros livros de Ryuho Okawa

Série Leis

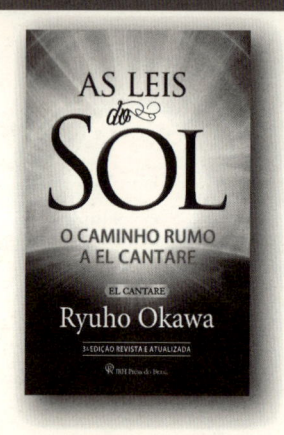

As Leis do Sol – *O caminho rumo a El Cantare*
IRH Press do Brasil

O autor revela os segredos de nossa alma e do universo multidimensional, mostrando o lugar que ocupamos nele. Ao compreender os estágios do amor e seguir os Verdadeiros Oito Caminhos Corretos do budismo, é possível acelerar a nossa evolução espiritual. Esta obra indica o caminho para a verdadeira felicidade que permeia este mundo e o outro. Edição revista e atualizada.

AS LEIS DA ETERNIDADE – *El Cantare Revela a Estrutura do Mundo Espiritual*
IRH Press do Brasil

De onde viemos e para onde vamos? Ryuho Okawa explica que vivemos em um mundo multidimensional e que nosso destino depende do estado do coração. A vida na Terra é um aprendizado espiritual para crescer como espírito e elevar o coração. Este livro nos ajuda a compreender a vida, encontrar seu propósito e traz uma mensagem de união entre todas as religiões, inspirada pelo Criador.

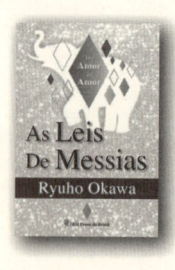

As Leis De Messias
Do Amor ao Amor
IRH Press do Brasil

Okawa fala sobre temas fundamentais, como o amor de Deus, o que significa ter uma fé verdadeira e o que os seres humanos não podem perder de vista ao longo do treinamento de sua alma na Terra. Ele revela os segredos de Shambala, o centro espiritual da Terra, e por que devemos protegê-lo.

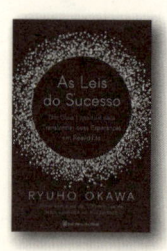

AS LEIS DO SUCESSO
Um Guia Espiritual para Transformar suas Esperanças em Realidade
IRH Press do Brasil

O autor mostra quais são as posturas mentais e atitudes que irão empoderá-lo, inspirando-o para que possa vencer obstáculos e viver cada dia de maneira positiva e com sentido. Aqui está a chave para um novo futuro, cheio de esperança, coragem e felicidade!

As Leis do Segredo
A Nova Visão de Mundo que Mudará Sua Vida
IRH Press do Brasil

Qual é a Verdade espiritual que permeia o universo? Que influências invisíveis aos olhos sofremos no dia a dia? Como podemos tornar nossa vida mais significativa? Abra sua mente para a visão de mundo apresentada neste livro e torne-se a pessoa que levará coragem e esperança aos outros aonde quer que você vá.

SÉRIE AUTOAJUDA

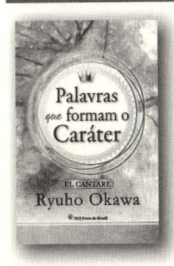

Palavras Que Formam o Caráter
IRH Press do Brasil

À medida que avança na leitura, você encontrará a sabedoria para construir um caráter nobre por meio de várias experiências de vida, como casamento, questões financeiras, superação dos desejos egoístas, prática do perdão e fé em Deus. Ao ler, apreciar e compreender profundamente o significado destas frases sagradas, você poderá alcançar uma felicidade que transcende este mundo e o próximo.

Palavras para a Vida
IRH Press do Brasil

100 frases para praticar a meditação reflexiva sobre a vida. Faça deste livro seu companheiro de todas as horas, seu livro de cabeceira. Folheie casualmente as páginas, contemple as palavras de sabedoria que chamaram a sua atenção, e avance na jornada do autoconhecimento!

O Verdadeiro Exorcista
Obtenha Sabedoria para Vencer o Mal
IRH Press do Brasil

Assim como Deus e os anjos existem, também existem demônios e maus espíritos. Esses espíritos maldosos penetram no coração das pessoas, tornando-as infelizes e espalhando infelicidade àqueles ao seu redor. Aqui o autor apresenta métodos poderosos para se defender do ataque repentino desses espíritos.

Os Verdadeiros Oito Corretos Caminhos
Um Guia para a Máxima Autotransformação
IRH Press do Brasil

Neste livro, Okawa nos orienta como aplicar no cotidiano os ensinamentos dos Oito Corretos Caminhos propagados por Buda Shakyamuni e mudar o curso do nosso destino. Descubra este tesouro secreto da humanidade e desperte para um novo "eu", mais feliz, autoconsciente e produtivo.

Vivendo sem Estresse
Os Segredos de uma Vida Feliz e Livre de Preocupações
IRH Press do Brasil

Por que passamos por tantos desafios? Deixe os conselhos deste livro e a perspectiva espiritual ajudá-lo a navegar pelas turbulentas ondas do destino com um coração sereno. Melhore seus relacionamentos, aprenda a lidar com as críticas e a inveja, e permita-se sentir os milagres dos Céus.

O Milagre da Meditação
Conquiste Paz, Alegria e Poder Interior
IRH Press do Brasil

A meditação pode abrir sua mente para o potencial de transformação que existe dentro de você e conecta sua alma à sabedoria celestial, tudo pela força da fé. Este livro combina o poder da fé e a prática da meditação para ajudá-lo a conquistar paz interior e cultivar uma vida repleta de altruísmo e compaixão.

Estou Bem!
7 Passos para uma Vida Feliz
IRH Press do Brasil

Diferentemente dos textos de autoajuda escritos no Ocidente, este livro traz filosofias universais que irão atender às necessidades de qualquer pessoa. Um tesouro repleto de reflexões que transcendem as diferenças culturais, geográficas, religiosas e étnicas. É uma fonte de inspiração e transformação com instruções concretas para uma vida feliz.

A Mente Inabalável
Como Superar as Dificuldades da Vida
IRH Press do Brasil

Para o autor, a melhor solução para lidar com os obstáculos da vida – sejam eles problemas pessoais ou profissionais, tragédias inesperadas ou dificuldades contínuas – é ter uma mente inabalável. E você pode conquistar isso ao adquirir confiança em si mesmo e alcançar o crescimento espiritual.

THINK BIG – Pense Grande
O Poder para Criar o Seu Futuro
IRH Press do Brasil

Tudo na vida das pessoas manifesta-se de acordo com o pensamento que elas mantêm diariamente em seu coração. A ação começa dentro da mente. A capacidade de criar de cada pessoa é limitada por sua capacidade de pensar. Com este livro, você aprenderá o verdadeiro significado do Pensamento Positivo e como usá-lo de forma efetiva para concretizar seus sonhos.

Série felicidade

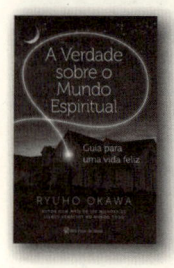

A Verdade sobre o Mundo Espiritual
Guia para uma vida feliz
IRH Press do Brasil

Em forma de perguntas e respostas, este precioso manual vai ajudá-lo a compreender diversas questões importantes sobre o mundo espiritual. Entre elas: o que acontece com as pessoas depois que morrem? Qual é a verdadeira forma do Céu e do Inferno? O tempo de vida de uma pessoa está predeterminado?

Ame, Nutra e Perdoe
Um Guia Capaz de Iluminar Sua Vida
IRH Press do Brasil

O autor revela os segredos para o crescimento espiritual por meio dos Estágios do amor. Cada estágio representa um nível de elevação. O objetivo do aprimoramento da alma humana na Terra é progredir por esses estágios e conseguir desenvolver uma nova visão do amor.

A Essência de Buda
O Caminho da Iluminação e da Espiritualidade Superior
IRH Press do Brasil

Este guia almeja orientar aqueles que estão em busca da iluminação. Você descobrirá que os fundamentos espiritualistas, tão difundidos hoje, na verdade foram ensinados por Buda Shakyamuni, como os Oito Corretos Caminhos, as Seis Perfeições, a Lei de Causa e Efeito e o Carma, entre outros.